JN006161

大統領選挙・連邦議会を
知るための

アメリカ
政治文化
辞典

橋本二郎［編著］

A Dictionary of
American
Political Culture

三省堂

装　丁　　下野ツヨシ

装　画　　3rdeye

調査協力　藤田理子

まえがき

　米国の政治ジャーナリスト・コラムニストであり，リチャード・ニクソンなど大統領のスピーチライターでもあったウィリアム・サファイア (William Safire, 1929–2009) は 1973 年から『ニューヨーク・タイムズ』紙に籍を置き，亡くなる直前まで『ニューヨーク・タイムズ』紙の日曜版で "On Language" というコラムを連載していた．そこでは政治家の発言や政治用語などについて時には言葉の語源にまで遡って事細かに解説し，政治・外交問題に殊更関心がなくても，英語を学ぶ者にとってはとても興味深いコラムであった．

　サファイア氏のコラム・著作（参考文献の項を参照）から多くを学んだ英語研究者として，日本語での解説があり，英語そのものにも親しめるアメリカ政治用語辞典がないかいろいろリサーチをしてみたが，アメリカ政治・外交に関する専門書は多々あっても，グロッサリー（用語・術語集）・辞典的なものはここ数十年来出版されていないと知った．折しも 2020 年は 4 年に 1 度のアメリカ大統領選挙の年，日本でも新聞・テレビの大統領選や議会関連報道が年初からにわかに増えるのが常である．そうした報道を補完し得るハンディなアメリカ政治辞典を世に出す意味があるのではと，三省堂に企画を提案させていただき，幸いなことに同社から本書の出版に快諾を得た次第である．

　アメリカ政治文化辞典と呼んではいるものの，政治に関する専門用語に限定することなく，政治的な文脈で用いられる日常英語（agenda, confirmation, deliver, message, purse など）も取り上げ，時に言葉の由来（filibuster, logrolling, mugwump など）にも言及した．ともすれば硬いと思われがちな政治関連書のイメージを払拭し，むしろ気軽にどの語からでもお読みいただけるよう配慮したつもりである．本書を通じて，一般の方々が日々報じられるアメリカの政治文化関連ニュースに身近に接するきっかけとなれば，著者にとって望外の喜びである．

　終わりに多くの用例の作成に当たっていただいた米国の友人で元ジャーナリストのテリー・マクウィリアムズ氏，前著『日常英語連想辞典』(三省堂) の際と同様，企画段階から貴重なアドバイスをいただいた三省堂辞書出版部の西垣浩二氏，安藤まりか氏に心から謝意を申し述べたい．

本書の使い方 (代表的なもののみを示す)

1. 見出語
約1700項目をアルファベット順に示した. 表記が複数ある場合はスラッシュ(/)で区切って示し, 項目によって言い換え記号[ ]や省略記号( )を用いた.

例) **absentee ballot**
　　big tent/big-tent
　　American Legion/AL

2. 空見出し
別の示し方のある語については, 主項目を参照させる空見出しを立項した.

例) **FBI** ⇨ Federal Bureau of Investigation

3. 冠詞
冠詞は見出語直後に《the 〜》,《a 〜》で表示した.

例) **Republican Party** 《the 〜》共和党

4. 品詞
動 形 を付した. 名詞は原則として表示しないが, 名詞を含む複数の品詞がある場合は 名 も表示した.

例) **liberal** 形 自由な, 自由主義の; 名 自由主義者

5. スピーチレーベル
特定の場面や目的で用いる語は( )で示した.

例) 《侮蔑的に》 相手を侮辱・軽蔑した表現
　　《話》 話し言葉
　　《俗》 俗語

6. 見出語訳
訳語には英語そのものの意味だけでなく, 可能な限り政治的な場面で用いられる訳語を付した. 訳語が複数ある場合はカンマ(,)で区切って示し, 意味的な差異がより大きなものについてはセミコロン(;)で区切った. さらに差異が大きなものについては❶❷などの語義番号を付した.

例) **hardball** 厳しいやり方, 真剣勝負
　　chamber ❶議院, 議会. ❷議場

7. 解説

当該見出語が政治的文脈で用いられる際に含意される意味, 百科的解説, その語の本来の意味や語の生まれた時代背景, 由来などについて, その語の理解に必要十分と思われる要点をできるだけ簡潔に示した.

例） **aisle**（上下院議会の）議員席中央通路
    伝統的に正面に向かって左側に民主党議員が, 右側に共和党議員が座ることになっている.

8. 参照

関連項目などに参照指示(cf.)を適宜入れた.

9. 句例・用例

見出語を用いた句例・用例を示した. 句例は冒頭に(●), 用例は冒頭に(◆)記号を付した.
見出語と品詞や表記等が異なる場合も, 関連表現として収録した.

10. 50 州とワシントン DC

本書は大統領選挙や連邦議会関連のものなど, アメリカの政治文脈で用いられる語を中心に収録しているが, より理解を深めるためにアメリカ 50 州とワシントン DC については見出しとして立項, その概要を以下のロゴで示した.

人口	各州の人口とその順位
面積	各州の面積とその順位
加盟年	アメリカ合衆国への加盟年とその順位
州都	州都とその読み方
都市	州都と最大人口都市が異なる場合は地名とその読み方. 州都と最大都市が同じ場合は省略
モットー	州のモットー. 英語以外はその言語と英語訳, 日本語訳
愛称	州の愛称
大統領	各州出身の大統領
選挙人	大統領選挙人の数と順位 各州の選挙人の数は, 10 年ごとに実施される国勢調査に基づいて決められている. p.85 に 2020 年の選挙人の数を地図で示した
人種構成	白人, 黒人, ヒスパニックの比率をそれぞれⓌ, Ⓑ, Ⓗで表示
2016年 2012年	2016 年大統領選 D・トランプ(共和党)対 H・クリントン(民主党), 2012 年大統領選 M・ロムニー(共和党)対 B・オバマ(民主党)の得票率をそれぞれ ⓇとⒹで表示
州議会 州上院 州下院	州議会, 州上院・下院の表し方. 州によって異なる

Assembly(A), General Assembly(GA), General Court(GC), House of Delegates(HD), House of Representatives(HR), Legislative Assembly(LA), Legislature(L), Senate(SN)

友好　日本の都道府県と友好都市として提携している州

11. 10 以外で用いたロゴ

由来　その表現の由来となった語や出来事

頭字語　nimby (not in my backyard.) など

関連語　見出語に関連する語

　　　例）**also-ran / also ran**　関連語 also-runner は front-runner(最有力候補)と対比させた言い方

類語　類語を示す

　　　例）**bigwig**　類語 big wheel, big shot

12. アメリカ合衆国大統領

20 世紀以降に就任した歴代大統領・副大統領を見出語として立項した．また，pp. ix–xii には歴代大統領一覧を収録した．

●約物

《　》　見出語の補足的説明

（　）　省略可能，訳語の補足的解説

　→　主に見出語訳内で「転じて」を示す

　　　例）**maverick**　一匹狼→無所属政治家(neutral politician)

[　]　言い換え

（　）　百科解説，補足説明

　⇨　空見出し

(cf.)　項目参照

　＋　合成した語を示す際に使用

　　　例）**actorvist**　actor+activist を合成した語．

●コラム

■ アメリカ合衆国地図

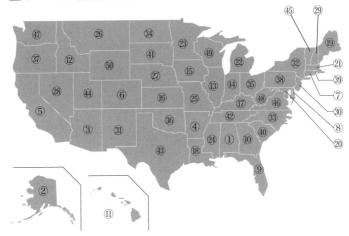

① Alabama アラバマ
② Alaska アラスカ
③ Arizona アリゾナ
④ Arkansas アーカンソー
⑤ California カリフォルニア
⑥ Colorado コロラド
⑦ Connecticut コネチカット
⑧ Delaware デラウェア
⑨ Florida フロリダ
⑩ Georgia ジョージア
⑪ Hawaii ハワイ
⑫ Idaho アイダホ
⑬ Illinois イリノイ
⑭ Indiana インディアナ
⑮ Iowa アイオワ
⑯ Kansas カンザス
⑰ Kentucky ケンタッキー
⑱ Louisiana ルイジアナ
⑲ Maine メイン
⑳ Maryland メリーランド
㉑ Massachusetts マサチューセッツ
㉒ Michigan ミシガン
㉓ Minnesota ミネソタ
㉔ Mississippi ミシシッピ
㉕ Missouri ミズーリ

㉖ Montana モンタナ
㉗ Nebraska ネブラスカ
㉘ Nevada ネバダ
㉙ New Hampshire ニューハンプシャー
㉚ New Jersey ニュージャージー
㉛ New Mexico ニューメキシコ
㉜ New York ニューヨーク
㉝ North Carolina ノースカロライナ
㉞ North Dakota ノースダコタ
㉟ Ohio オハイオ
㊱ Oklahoma オクラホマ
㊲ Oregon オレゴン
㊳ Pennsylvania ペンシルベニア
㊴ Rhode Island ロードアイランド
㊵ South Carolina サウスカロライナ
㊶ South Dakota サウスダコタ
㊷ Tennessee テネシー
㊸ Texas テキサス
㊹ Utah ユタ
㊺ Vermont バーモント
㊻ Virginia バージニア
㊼ Washington ワシントン
㊽ West Virginia ウェストバージニア
㊾ Wisconsin ウィスコンシン
㊿ Wyoming ワイオミング

■ アメリカ合衆国の政治機構

司法府　Judicial Branch
(連邦最高裁判所
The Supreme Court of the United States)

巡回控訴裁判所
Circuit Court of Appeals

地方裁判所
District Court

請求権裁判所
Court of Claims

関税・特許控訴裁判所
Court of Customs and Patent Appeals

行政府　Executive Branch
(ホワイトハウス　White House)

大統領
President

大統領府直属機関
Executive Offices of the President

行政管理予算局
Office of Management and Budget

経済諮問委員会
Council of Economic Advisers

国家安全保障会議
National Security Council

など

立法府　Legislative Branch
(アメリカ連邦議会　Congress)

上院	下院
Senate	House of Representatives

各種委員会
committees

議会図書館
Library of Congress

会計検査院
Government Accountability Office

議会予算局
Congressional Budget Office

など

運輸省
Dept. of Transportation

住宅都市開発省
Dept. of Housing and Urban Development

労働省
Dept. of Labor

商務省
Dept. of Commerce

農務省
Dept. of Agriculture

内務省
Dept. of the Interior

司法省
Dept. of Justice

国防(総)省
Dept. of Defense

財務省
Dept. of the Treasury

国務省
Dept. of State

教育省
Dept. of Education

保健福祉省
Dept. of Health and Human Services

国土安全保障省
Dept. of Homeland Security

退役軍人省
Dept. of Veteran's Affairs

エネルギー省
Dept. of Energy

■ アメリカ合衆国歴代大統領

※20世紀以降に就任した大統領は本文中にも立項

Washington, George ジョージ・ワシントン
George Washington(1732–1799), 初代大統領(1789–97), バージニア州出身.

Adams, John ジョン・アダムズ
John Adams(1735–1826), 第2代大統領(連邦党, 1797–1801). マサチューセッツ州出身.

Jefferson, Thomas トマス・ジェファソン
Thomas Jefferson(1743–1826), 第3代大統領(民主共和党, 1801–09). バージニア州出身.

Madison, James ジェームズ・マディソン
James Madison(1751–1836), 第4代大統領(民主共和党, 1809–17). バージニア州出身.

Monroe, James ジェームズ・モンロー
James Monroe(1758–1831), 第5代大統領(民主共和党, 1817–1825). バージニア州出身.

Adams, John Quincy ジョン・クインシー・アダムズ
John Quincy Adams(1767–1848), 第6代大統領(民主共和党, 1825–29). マサチューセッツ州出身.

Jackson, Andrew アンドルー・ジャクソン
Andrew Jackson(1767–1845), 第7代大統領(民主党, 1829–1837). サウスカロライナ州出身.

Van Buren, Martin マーティン・ヴァン・ビューレン
Martin Van Buren(1782–1862), 第8代大統領(民主党, 1837–1841). ニューヨーク州出身.

Harrison, William Henry ウィリアム・ヘンリー・ハリソン
William Henry Harrison(1773–1841), 第9代大統領(ホイッグ党, 1841). バージニア州出身.

Tyler, John ジョン・タイラー
John Tyler(1790–1862), 第10代大統領(ホイッグ党, 1841–1845). バージニア州出身.

Polk, James ジェームズ・ポーク

James Knox Polk(1795–1849), 第 11 代大統領(民主党, 1845–1849). ノースカロライナ州出身.

Taylor, Zachary ザカリー・テイラー

Zachary Taylor(1784–1850), 第 12 代大統領(ホイッグ党, 1849–50). バージニア州出身.

Fillmore, Millard ミラード・フィルモア

Millard Fillmore(1800–74), 第 13 代大統領(ホイッグ党, 1850–53). ニューヨーク州出身.

Pierce, Franklin フランクリン・ピアース

Franklin Pierce(1804–69), 第 14 代大統領(民主党, 1853–57). ニューハンプシャー出身.

Buchanan, James ジェームズ・ブキャナン

James Buchanan(1791–1868), 第 15 代大統領(民主党, 1857–61). ペンシルベニア州出身.

Lincoln, Abraham エイブラハム・リンカーン

Abraham Lincoln(1809–65), 第 16 代大統領(共和党, 1861–65). ケンタッキー州出身.

Johnson, Andrew アンドルー・ジョンソン

Andrew Johnson(1808–75), 第 17 代大統領(民主党, 1865–69). ノースカロライナ州出身.

Grant, Ulysses ユリシーズ・グラント

Ulysses Simpson Grant(1822–85), 第 18 代大統領(共和党, 1869–77). オハイオ州出身.

Hayes, Rutherford ラザフォード・ヘイズ

Rutherford Birchard Hayes(1822–93), 第 19 代大統領(共和党, 1877–81). オハイオ州出身.

Garfield, James ジェームズ・ガーフィールド

James Abram Garfield(1831–81), 第 20 代大統領(共和党, 1881). オハイオ州出身.

Arthur, Chester チェスター・アーサー

Chester Alan Arthur(1830–86), 第 21 代大統領(共和党, 1881–85). バーモント州出身.

Cleveland, Grover グローヴァー・クリーヴランド

Grover Cleveland(1837–1908), 第 22 代・24 代大統領(民主

党, 1885–89, 1893–97). ニュージャージー州出身.

Harrison, Benjamin ベンジャミン・ハリソン

Benjamin Harrison(1833–1901), 第23代大統領(共和党, 1889–93). オハイオ州出身.

McKinley, William ウィリアム・マッキンリー

William McKinley (1843–1901), 第25代大統領(共和党, 1897–1901). オハイオ州出身.

Roosevelt, Theodore セオドア・ルーズベルト

Theodore Roosevelt(1858–1919), 第26代大統領(共和党, 1901–09), ニューヨーク州出身.

Taft, William ウィリアム・タフト

William Howard Taft(1857–1930), 第27代大統領(共和党, 1909–13), オハイオ州出身.

Wilson, Woodrow ウッドロー・ウィルソン

Woodrow Wilson(1856–1924), 第28代大統領(民主党, 1913–21), バージニア州出身.

Harding, Warren ウォーレン・ハーディング

Warren Gamaliel Harding(1865–1923), 第29代大統領(共和党, 1921–23), オハイオ州出身.

Coolidge, Calvin キャルヴィン・クーリッジ

John Calvin Coolidge, Jr.(1872–1933), 第30代大統領(共和党, 1923–29), バーモント州出身.

Hoover, Herbert ハーバート・フーヴァー

Herbert Clark Hoover(1874–1964), 第31代大統領(共和党, 1929–33), アイオワ州出身.

Roosevelt, Franklin フランクリン・ルーズベルト

Franklin Delano Roosevelt(1882–1945), 第32代大統領(民主党, 1933–45), ニューヨーク州出身.

Truman, Harry ハリー・トルーマン

Harry S. Truman(1884–1972), 第33代大統領(民主党, 1945–53), ミズーリ州出身.

Eisenhower, Dwight ドワイト・アイゼンハワー

Dwight David Eisenhower(1890–1969), 第34代大統領(共和党, 1953–61), テキサス州出身.

Kennedy, John F. ジョン・F・ケネディ

John Fitzgerald Kennedy(1917–63), 第35代大統領(民主党, 1961–63), マサチューセッツ州出身.

Johnson, Lyndon リンドン・ジョンソン

Lyndon Baines Johnson(1908–73), 第36代大統領(民主党, 1963–69), テキサス州出身.

Nixon, Richard リチャード・ニクソン

Richard Milhous Nixon(1913–94), 第37代大統領(共和党, 1969–74), カリフォルニア州出身.

Ford, Gerald ジェラルド・フォード

Gerald Rudolph Ford, Jr.(1913–2006), 第38代大統領(共和党, 1974–77), ネブラスカ州出身.

Carter, Jimmy ジミー・カーター

James Earl Carter, Jr.(1924–), 第39代大統領(民主党, 1977–81), ジョージア州出身.

Reagan, Ronald ロナルド・レーガン

Ronald Wilson Reagan(1911–2004), 第40代大統領(共和党, 1981–89), イリノイ州出身.

Bush, George H.W. ジョージ・H・W・ブッシュ

George Herbert Walker Bush(1924–2018), 第41代大統領(共和党, 1989–93), マサチューセッツ州出身.

Clinton, Bill ビル・クリントン

William Jefferson Clinton(1946–), 第42代大統領(民主党, 1993–2001), アーカンソー州出身.

Bush, George W. ジョージ・W・ブッシュ

George Walker Bush(1946–), 第43代大統領(共和党, 2001–09), コネチカット州出身.

Obama, Barack バラク・オバマ

Barack Hussein Obama, Jr.(1961–), 第44代大統領(民主党, 2009–2017), ハワイ州出身.

Trump, Donald ドナルド・トランプ

Donald John Trump(1946–), 第45代大統領(共和党, 2017–), ニューヨーク州出身.

A, a

AA ⇨ administrative assistant; affirmative action

AARP, Inc. エイ・エイ・アール・ピー《旧称 American Association of Retired Persons》

1958 年, 高齢のため退職した人たちの生活保障を目的として設立された民間組織. 現在はメンバーが退職者であるという条件はないが, 最低限 50 歳以上でなければならない. 会員数 3700 万人超の米国最大の特殊利益団体(special-interest group)で Gray Lobby(シルバー・ロビー)などと呼ばれる. 特に大統領選挙の年には大きな政治的な影響力をもつ.

above the fold / above-the-fold 形 (新聞の)1 面トップを飾るほど重要な, 一大ニュースの

- above-the-fold news　トップニュース.

absentee ballot 不在(者)投票(の用紙)

選挙登録をしている住所から離れているため自分の選挙区で投票できない場合や, 正当な理由で投票日に投票できない場合に郵送などで投票すること.

- All absentee ballots were counted.　すべての不在者投票が開票された.

absolute majority 絶対多数, 過半数

abuse (権力・地位)の乱用, 悪用

- an abuse of power [privilege]　権力[特権]の乱用
- election abuses　選挙にまつわる悪弊《買収など》.

academic pork アカデミックポーク

政治的に強い影響力をもつ大学に与えられる助成金. pork(見返り)は政治的配慮から与えられる助成金や官職(cf. pork).

acceptance speech 指名受諾演説

党大会で大統領候補に指名された候補者が，指名を受諾し，自らの政治姿勢などを表明する演説．

accountability 説明責任

行政機関などが社会の了解や合意を得るために対外的に釈明する責務のこと．

act 法律，法令

法案が上下院で審議され両院で可決成立すると act と呼ばれる．

activist 政治活動家

- a human rights activist　人権保護活動家
- an animal rights activist　動物保護活動家．

actorvist 俳優活動家

actor＋activist を合成した語．

- Actorvists have been around since at least "Hanoi" Jane Fonda. 少なくとも「ハノイ」ジェーン・フォンダ以来，何人かの俳優兼活動家が現れた《ジェーン・フォンダはベトナム戦争中の北ベトナムのハノイを訪問し，ベトナム反戦運動の先駆けだった》．

adhocracy アドホクラシー

硬直した官僚機構に取って代わる臨機応変の組織(による政治体制)．

- The choice between bureaucracy and adhocracy represents a common dilemma. 官僚政治，アドホクラシーいずれかの選択となると，どちらとも言えないジレンマに陥る．

ad hominem attack (議論などでの)個人[人身]攻撃

- The candidate has agreed to focus on the political issues rather than making ad hominem attacks against each other. 候補者は互いの個人攻撃を控え，政治的論点の議論に集中することで合意した．

adjourn 動 (議会・委員会などを)次回[次期]まで休会する；(会議・議題などを)持ち越す，継続審議にする，(無期)延期する

♦ The Congress adjourned for the day. 議会はその日のところ
は散会となった.

adjournment 延期, 延会, 散会, 休会(期間), 休廷, 持ち越し

adjournment sine die 無期休廷[休会] (adjournment with-
out day)

adjourn sine die 無期延期[休会]に入る(adjourn without
day)

administration 政府機関の運営管理

administrative agency 行政機関

administrative assistant/AA[1] 管理補佐, 管理スタッフ

♦ Senator Dogood's AA was a familiar face in the circles of
power on the Hill. ドゥーグッド上院議員の管理補佐は, 連邦
議会の有力者の間でおなじみの顔だった.

advance/advance man 先発隊, 先遣隊

選挙などで立候補者の手足となって, 候補者支持の集会やデモ
ンストレーションのために事前に予定地で準備をする人. 由来
サーカスや演劇の地方巡業の興行前の前宣伝や下準備をする
人から.

♦ The campaign sent an advance man to finalize preparations
for the senator's appearances across the Midwest. 上院議員
の中西部訪問の準備を仕上げるため, 先遣隊が送られた.

advertcracy 集中的に広告キャンペーンを張って政策の展開を
図ること

advertise(広告する)と, 政体・政治を意味する接尾語 -cracy を
合成した語.

advice and consent 助言と同意

憲法第2条第2節中の句. 憲法に従い, 上院が政府高官の指名
承認や, 条約を批准承認する権限の総称.

♦ When the nomination was submitted, senators said they
would review the judge's record closely. The committee
chairman said, "We take our duty to provide advice and con-

sent very seriously." 指名文書が提出されると，上院議員たち
は判事の履歴を仔細に見直すと述べた．委員会の議長は「我々
は助言と同意を極めて深刻に受け止めている」と述べた．

♦ The President appointed the commission's members with
the advice and consent of the Senate. 上院の助言と同意を
もって，大統領は委員会の委員を指名した．

advocacy アドボカシー

特定の問題について政策を提言すること．

♦ Families of wounded military member founded an advocacy
group to ensure that the government provides needed
healthcare benefits for these veterans. 負傷兵の家族は，退役
軍人が必要とするヘルスケアの給付金を政府が確実に支給す
るよう，提言グループを組織した．

advocacy advertising [ad] 意見広告[放送]; 政見放送

ある特定の政治的立場，主義，考え方を支持する広告．米国では
もっぱらローカルテレビ局で流される．

advocacy gap アドボカシー・ギャップ

消費者団体や環境保護団体などのロビイストたちよりも，産業
界のロビイストたちの方が立法府や行政府に対して大きな影響
力をもっていること．

advocacy journalism アドボカシー・ジャーナリズム，旗振
りジャーナリズム

記事の取材や扱いで特別の立場を主張する新聞または雑誌．

affirmative action／AA^2 アファーマティブアクション，差別
撤廃措置，積極的雇用[行動]

雇用・教育・住宅や補助金の配分などについて，伝統的に不利
な立場に置かれてきた黒人・女性・少数民族・身体障害者な
どを優遇する各種措置の総称．

♦ While some people view affirmative action as unfair, the com-
pany stands by it as a useful means of achieving workplace
diversity. アファーマティブアクションは公正を欠くと見る人

もいるが，その企業は職場における多様性を実現するには有用
な手段だとして擁護している.

♦ Proponents argue that affirmative action helps produce educated citizens who reflect the diversity of American society.
アファーマティブアクションは，アメリカ社会の多様性が反映
された，教養ある市民を生み出すのに貢献している，と支持者
たちは主張している.

Affordable Care Act ⇨ Obamacare

AFL-CIO アメリカ労働総同盟－産業別労働組合会議

アメリカ労働総同盟(American Federation of Labor)と産業別
労働組合会議(Congress of Industrial Organizations)の略語.
この2大ナショナルセンター(労働組合全国組織)は1955年に
合併し，米国最大のナショナルセンターとなった. AFL-CIO は
伝統的に民主党と強いつながりがある.

afterclap (事が一旦済んだ後の)予期せぬ[想定外の，予想外の]
出来事

agenda 政治日程；重要な政治課題

本来は会議の議題のことだが，拡大された意味で使われること
が多い.

● the liberal agenda リベラル派の政策.

Agnew, Spiro スピロ・アグニュー

Spiro Theodore Agnew(1918–96)，ニクソン政権の副大統領
(共和党，1969–73)，メリーランド州出身.

agonizing reappraisal 大きな苦痛を伴う再評価

ダレス(John Foster Dulles)国務長官が1953年に米国の対欧
政策の見直しに関して使った言葉.

ahead of the curve 問題の先回りをして，先手を打って，時代
の先を行って

♦ As indicators were predicting a slower economy ahead, the
state government got ahead of the curve by appropriating
funds for unemployment benefits in advance. 先行きの景気

低迷が予想されたため，州政府は先手を打って失業保険支出の資金を確保し，前もって資金を確保した．

AIPAC ⇨ American Israel Public Affairs Committee

Air Force One エアフォースワン，米空軍第一号機，大統領専用機

大統領が国内外を移動するときに使う専用ジェット旅客機．空軍が運航する．ホワイトハウスのスタッフ，新聞，テレビなどマスコミの代表取材の記者も同乗することがある．

Air Force Two エアフォースツー，副大統領専用機

aisle （上下院議会の）議員席中央通路

伝統的に正面に向かって左側に民主党議員が，右側に共和党議員が座ることになっている．

• cross the aisle　通路を超える→超党派の行動に出る．

AL ⇨ American Legion

Alabama アラバマ 《略》Ala. (AL)

人口 約 480 万人(23 位)　面積 135,765km^2(30 位)　加盟年 1819 年 12 月 14 日(22 番目)　州都 Montgomery(モントゴメリー)　都市 Birmingham(バーミングハム)　モットー (ラテン語)Audemus jura nostra defendere (We dare defend our rights; われら心して我らの権利を守る)　愛称 Cotton State(綿花の州); Heart of Dixie(南部の心臓)　選挙人 9 人(22 位)　人種構成 W 65.9 B 26.4 H 4.1　2016年 R 62 D 34　2012年 R 61 D 38　州議会 L 州上院 SN 州下院 HR.

Alaska アラスカ 《略》Alas. (AK)

人口 約 72 万人(47 位)　面積 1,717,854km^2(1 位)　加盟年 1959 年 1 月 3 日(49 番目)　州都 Juneau(ジューノー)　都市 Anchorage(アンカレッジ)　モットー North to the Future(未来へ向かう北の地)　愛称 Last Frontier(最後のフロンティア); Land of Midnight Sun(真夜中の太陽州)　選挙人 3 人(44 位)　人種構成 W 61.5 B 3.1 H 6.8　2016年 R 51 D 37　2012年 R 55 D 41　州議会 L 州上院 SN 州下院 HR.

alderman （地方自治体議会の）議員；（特に）市会議員

批判的なニュアンスを含むことが多い.

A-list 各界を代表する人物の顔ぶれ

たとえば, 首都ワシントン D.C. における A リストは, 全米に強い影響力を持つ政治家, 各国の最高クラスの外交官, およびワシントン社交界を代表する人物で構成される.

also-ran / also ran 落選候補

支持率が低い候補者, 泡沫候補. 関連語 also-runner は front-runner(最有力候補)と対比させた言い方.

◆Election results showed the Democrat won the Congressional seat over the Republican, while the also rans from other parties only received a handful of votes. 選挙結果によれば, 民主党は下院で共和党の議席を上回り, 他党の泡沫候補はわずかな議席を得たに過ぎなかった.

alternative facts オルタナティブ・ファクツ, 代替的事実

2017 年 1 月 20 日のトランプ大統領就任式の観客数について米国メディアが「過去最少だった」と報じたところ, ホワイトハウス報道官は根拠を示さぬまま「観客は過去最多だった」と虚偽の発言をした. 大統領顧問が報道官発言は「ウソではなく, alternative facts を示した」と擁護. その後このフレーズは「ウソ」という意味で使われ始めた.

◆The spokesman defended his colleague's inconsistent statements, saying he was relying on "alternative facts." スポークスマンは一貫しない同僚の発言は「代替的事実」に基づくものだとして擁護した.

American Dream アメリカの夢

アメリカが, その基礎とした民主主義, 平等, 自由の理想を表すために広く使われたキャッチフレーズ.

American Independent Party 《the ～》アメリカ独立党

超保守政党. 1968 年ジョージ・ウォレス(George C. Wallace)を大統領に当選させるために結成, 一時的に支持されたが,

ウォーレスが党を離れてから急速に弱体化した.

American Israel Public Affairs Committee/AIPAC
《the ～》アメリカ・イスラエル公共問題委員会

American Legion/AL 《the ～》アメリカ在郷軍人会
1919 年に結成された退役軍人の最大組織. 在郷軍人会は有力な政治的地位を確立し, 議会や連邦政府行政部門から多大な支持を受けてきた. 伝統的に保守的傾向が強く, 愛国心(patriotism)や軍事防衛を奨励する.

Americans with Disabilities Act 《the ～》米国障害者法
障害をもつアメリカ市民の権利に関する包括的な法律.

amiable dunce 人のよいおばかさん
人がよいだけで無能な政治家[指導者]. 1981 年に時のレーガン大統領を評して言われた言葉.

apolitical 形 政治に無関心な; 政治的意義のない
「政治問題ないし政治活動に関心がない」ということで「ノンポリ」とはイコールではない.「政治的に重要でない」という意味もある.

♦ While the church takes an apolitical approach to candidates, it encourages its members to play an active role as responsible citizens in their communities. 教会は候補者に対して政治的な関わりをもたないが, 信者にはコミュニティにおいて責任ある市民として積極的な役割を果たすよう奨励している.

applause line 琴線に触れる話題
政治家の演説で, 聴衆から支持を得られるテーマ.

♦ The presidential candidate's biggest applause line was one she uses frequently on the campaign circuit. "Let's put a wealth tax on the super rich!" その大統領候補が演説中聴衆から最も喝采を受けるセリフは, 彼女が選挙中にしばしば使う「超富裕層には富裕税をかけよう」である.

appointee 被任命者
行政権限によって任命または指名された者. 投票(vote)によっ

て選ばれて任命された者とは区別される.

apportionment 配分, 割り当て

連邦下院議員の各州への議席配分(各州の人口比率に基づく).

appropriation(s) 歳出承認; 歳出予算

(議会の議決を経た)歳出予算(額).

appropriations bill 歳出法案

approval rating 支持率

政権や大統領などに対する国民の支持率をいうときなどに使う.

♦ The president's approval rating is on the rise. 大統領の支持率は上昇している.

Archie Bunker アーチー・バンカー

社会に対して偏狭頑迷で独善的な態度をとる人. 1970 年代の人気テレビ番組の主人公で, 特に人種問題などに関して保守的な考えをもつブルーカラーの人物.

Archie Bunker District アーチー・バンカー地区

保守的なブルーカラーの白人が多く住む地域.

architect 法案のまとめ役

Are you better off than you were four years ago? 四年前より暮らし向きはよくなりましたか

1980 年の大統領選挙で, 再選を目指すカーターと争ったレーガンが国民に問いかけたフレーズ.

Arizona アリゾナ (略)Ariz. (AZ)

[人口] 約 648 万人(16 位) [面積] 295,254km^2(6 位) [加盟年] 1912 年 2 月 14 日(48 番目) [州都] Phoenix(フェニックス) [モットー] (ラテン語)Ditat Deus (God enriches; 神は豊かにする) [愛称] Grand Canyon State(グランドキャニオン州) [選挙人] 11 人(14 位) [人種構成] Ⓦ 55.6 Ⓑ 4.1 Ⓗ 30.9 [2016年] Ⓡ 48 Ⓓ 45 [2012年] Ⓡ 54 Ⓓ 45 [州議会] L [州上院] SN [州下院] HR.

Arkansas アーカンソー (略)Ark. (AR)

[人口] 約 293 万人(32 位) [面積] 137,732km^2(29 位) [加盟年] 1836

年 6 月 15 日(25 番目) 〔州都〕Little Rock(リトルロック) 〔モットー〕 (ラテン語)Regnat populus (The peole rule; 人民に支配させ よ) 〔愛称〕Bear State(クマの州) 〔大統領〕クリントン(42 代) 〔選挙人〕6 人(30 位) 〔人種構成〕W 73 B 15.4 H 7.2 〔2016年〕R 61 D 34 〔2012年〕R 61 D 37 〔州議会〕GA 〔州上院〕SN 〔州下院〕HR.

arm-twisting 強い圧力をかけること, ごり押し

あからさまな圧力.

- ● arm-twisting by the Governor and legislative leaders to pass a controversial bill 争点となっている議案を通過させようとする知事と立法府の指導者たちの間の激しいかけ引き

- ◆ It took weeks of arm-twisting, but the bill's sponsor finally secured a majority of votes needed to approve the legislation. 何週間にもわたって圧力をかけ続けた結果, 法案の発起人はようやく法案承認に要する多数票の獲得に成功した.

Articles of Confederation 《the ～》連合規約

アメリカ合衆国を結成した 13 州の最初の憲法. 1781 年に発効し新しい憲法制定まで 8 年間継続.

As Maine goes, so goes the nation. アメリカの行く末はメイン州の動き次第である

メイン州の動向でアメリカ全体の将来が占えるという意味.

- ◆ In Maine, state elections are traditionally held several weeks prior to the national elections, and the result in Maine was regarded as a political weathervane for the mood of the country as a whole. メイン州では伝統的に州の選挙が連邦選挙より数週間前に行われ, メイン州の選挙結果が合衆国全体の投票動向を測る指針となるといわれている.

Assembly 《the ～》州議会下院

州議会下院は通常 House of Representatives と呼ばれるが, 一部の州ではこう呼ばれる.

AstroTurf campaign／Astroturf campaign 人工芝運動

Astroturf はもともとは, アメリカン・フットボール場や野球場

などに使われている人工芝の商標. これが転じて❶草の根 (grassroots)運動に見せかけて人為的に組織されたロビー活動 を指す名詞. ❷特定の団体などが法案などに対する抗議の手紙 や電子メールを大量に政治家に送りつけること. Astroturfing ともいう.

♦ A massive Astroturf campaign recruited citizens and generated over 50,000 letters and email messages, forwarded to dozens of Congresspersons. 市民を動員した大規模な手紙作 戦により, 5万通を超える手紙や電子メールによるメッセージ を何十名という議員に送り付けた.

Atari Democrats アタリ・デモクラット

1980–90年代, 先端技術の開発による経済再建, 雇用増大を主 張した若い進歩的な民主党員. アタリは米国のテレビゲーム・ パソコンの生産販売会社名より.

A Thousand Days 『ケネディ・栄光と苦悩の一千日』

副題は "John F. Kennedy in the White House." シュレジン ガー(Arthur M. Schlesinger, Jr.)著によるケネディの大統領時 代の記録. 1966年にピューリッツァー賞を受賞した.

at large 《しばしば at-large》局部でなく全域の

- a delegate at large 全域代表
- a congressman at large 全州選出議員(州内の一選挙区によら ず州全体が選出する).

attack ad(s) 攻撃広告

対立候補を中傷する目的で行われるネガティブ広告.

♦ With election day rapidly approaching and behind in the polls, the candidate unleashed attack ads questioning his opponent's reputation. 投票日は目前に迫り世論調査では後れ をとっている候補者は, 対立候補の評判に疑問を投げかけるネ ガティブキャンペーンに打って出た.

attack dog 攻撃犬, かみつき屋, 毒舌家

強い党派心をもって, 特定の指名候補や証人を意地悪く質問攻

めにする議員.

♦ His reputation as a political attack dog earned him the vice presidential spot on the ticket. 政界のかみつき屋で知られる彼は，そのお陰もあって副大統領候補の座を手にした.

attack-dog journalism　かみつき報道

何でもかみつく節操のないジャーナリズム.

♦ Clinton had the misfortune of being president at the dawning of an age that combines attack-dog journalism with tabloid news. 不幸にしてクリントンはかみつき報道と煽情的なタブロイドニュースが共存する幕開きの時代に大統領だった.

Attorney General of the United States　合衆国司法長官

合衆国司法省の最高責任者で，閣僚の一人. 司法長官は合衆国政府の法執行長官である.

Australian ballot　オーストラリア式投票用紙

官製投票用紙. 全候補者名が印刷してある投票用紙に印をつける.

author　(法案の)提案[提出]者

法案を提案・提出・成立までもっていく人. 通例，法案を審理する委員会または小委員会の委員長を指して使われる.

authoritative sources　権威筋, その筋

どの政治家の発言であるか，その情報源を特定せずに報道するときに使う言葉.

Autopen　オートペン, 自動署名機

特定の署名をそっくりまねて書く機械.

♦ White House aides used an autopen to sign a two-week extension of highway funding while the president was in Southeast Asia. 大統領の東南アジア訪問中，ホワイトハウスの側近は高速道路資金使用の2週間延長に際し，オートペンを使って署名した.

Avenue of the Presidents　《the ～》大統領通り

ワシントン D.C. のペンシルベニア・アベニュー(Pennsylvania

Avenue)のこと．歴代の大統領が連邦議会議事堂での就任式の日に，Pennsylvania Avenue 1600 番地にあるホワイトハウスまでパレードする慣習から(cf. Pennsylvania Avenue)．

大統領選のスケジュール

年によって細かい日程の変動はあるが，概ね以下のような流れで行われる．具体的な日時は 2020 年の場合．

予備選挙

2020 年 2 月 3 日	アイオワ州党員集会
2 月 11 日	ニューハンプシャー州予備選挙
3 月 3 日	スーパーチューズデー
8 月 17 日 の週	民主党全国大会
8 月 24 日 〜27 日	共和党全国大会

各党指名候補者決定

本選挙

| 9 月〜10 月 | 共和党・民主党各大統領候補者による討論会(3 回) |
| 11 月 3 日 | 大統領選挙 |

新大統領決定

| 2021 年 1 月 20 日 | 大統領就任式 |

※ 2020 年 6 月現在

B, b

baby-kisser 如才ない政治家

選挙運動中などに，大衆の人気取りに熱心な政治家．**[由来]** 如才ない政治家は人気取りのため，人々と握手をしたり赤ん坊にキスしたりすることから．

- You know you can't trust a baby-kisser—once they're voted into office, they don't follow through on any of their promises. ご存じの通り，人気取りに熱心な政治家は当てにならない．彼らは議員になったかと思うと，どれ一つ公約を果たそうと努力しないのだ．

backbencher （役職に就いていない）一般議員，平議員，新人議員，陣笠代議士，陣笠議員

backbiting 中傷，陰口

- There was the usual round of inner-circle backbiting in Washington, D.C. ワシントン DC ではいつもながらの権力中枢における中傷合戦があった．

back burner 二次的問題，副次的問題

ガス・レンジなどの後部火口から転じて重要度の低い問題を指す．

- The administration put the issue on the back burner. 政権は問題を棚上げした．

- Citizens wanted immediate action on many issues, but the mayor said the most important ones would be addressed first, with the others put on the back burner for later. 市民は多くの問題に直ちに対処するよう求めたが，市長は最も重要な問題を優先し，他の問題は後回しにすると述べた．

back-door 形 裏口の，内密の

- back-door dealings 裏口取引.

backflip 態度[方針]の完全な反転

background briefing 背景説明, バックグラウンド・ブリーフィング

国務省など官庁が背景を説明するために開く記者会見. オフレコ(off the record)で行われることが多い.

backgrounder 背景説明会, バックグラウンダー, 非公式記者会見; 背景説明資料

情報の公表を許さないオフレコ(off-the-record)とは異なり, 流された情報そのものは公表してもかまわない. ただし情報源を伏せる(nonquotable)という暗黙の了解がある.

- deep backgrounder ニュースソースを明示しない説明
- In a diner during an afternoon break, the senator gave the two reporters a backgrounder on the tax bill. 上院議員は午後の休憩時間に食堂で二人の記者に税制法案についての背景説明をした.

backlash (政治的・社会的な)激しい反発, 巻き返し

黒人の公民権運動に対する白人の反発. white backlash ともいう. back は「後ろ」, lash は「ムチ」の意.

backpedal 動 前言をひるがえす, 尻込みする

(自転車の)ペダルを逆に踏むという意味から.

- The senator backpedaled on his campaign promises after the election. 上院議員は選挙後に選挙公約を撤回した.

backroom 名 裏[奥, 秘密]の部屋; 形 秘密の

- backroom politics 密室政治
- Democrats complained that the deal being presented for a vote was the result of a backroom deal, precluding open debate. 採決にかける事案はオープンな論議を排除する裏取引の結果だと, 民主党は不満を述べた.

back-room boys / boys in the backroom 側近, 裏方

裏で交渉する政治家, 政界の黒幕.

♦ We know that the boys in the back room actually have all the power around here. 我々の認識ではここでは裏で動いている人たちが，すべての決定権を握っている．

backroomer （政治家など）陰でひそかに策を練る人

Balanced Budget and Emergency Deficit Control Act of 1985 《the 〜》1985 年財政均衡・財政赤字緊急管理法
米国の財政赤字を 1990 年 10 月 1 日までにゼロにすることを大統領および議会に義務付けたもの．1987 年に修正，目標年度は 1993 年となった．

balanced ticket[1] バランスのとれた候補者名簿
正副大統領候補などペア候補を選ぶ際に，なるべく幅広い層に支持されるように両者を組み合わせること．

♦ Pundits called the party's nominees a balanced ticket—a veteran senator from the Northeast paired with a popular governor from the West. 北東部出身のベテラン上院議員と西部の人気ある州知事の組み合わせは，バランスがとれていると識者は党の指名を評した．

balanced ticket[2] バランス公認名簿
宗教グループや民族グループなど主な有権者グループをバランスよく選定した政党公認候補者名簿．

ballot 票，投票；投票用紙；投票総数

ballot box ❶投票箱．❷《the 〜》無記名[秘密]投票（制度）

♦ There is nothing like the ballot box to determine if your policies have a mandate. 自分の政策が選挙民の負託に応えられるか否かを判断するのは，投票箱以外にない．

ballot stuffing／ballot-stuffing （違法行為である）票の水増し

♦ Ballot-stuffing charges have gone viral on Twitter. 票の水増しの告発がツイッター上で広まっている．

bandwagon 時流に乗っている政党[政策，運動]，（選挙運動で）優勢な側，勝ち馬

もともとはパレードの先頭楽隊車の意味.

- get [jump] on the bandwagon　優勢な方につく, 時流に掉さす
- the bandwagon effect　有権者が勝ち馬に乗ろうとする現象 [傾向]

♦ Voters jumped on the bandwagon when the presidential candidate promised more jobs and higher pay.　雇用増と賃上げを公約するやいなや, 有権者はその大統領候補の支持に回った.

♦ Voters may jump on his bandwagon just because he is an exciting candidate who seems to stand for something new.　有権者たちは, 氏が何か新しい主張をもっているような面白い候補者だというだけで, 同氏支持の方に乗り換えるかもしれない.

Barkley, Alben　アルバン・バークリー

Alben William Barkley(1877–1956), トルーマン政権の副大統領(民主党, 1949–53), ケンタッキー州出身.

barnstorm　動　遊説で地方回りをする

[由来] 19世紀初頭の米国の旅芸人たちが開拓地を旅回りする際, 納屋(barn)で寝泊まりをしたり, ときには納屋そのものが舞台に使われた. 興行が終わると, 嵐(storm)のごとく次の興行地に移動した. そこから後に政治家の地方遊説を指すのにも barnstorm という言葉が使われるようになった.

♦ On the day before the election, the senator barnstormed the state with last-minute appeals to voters in 12 cities.　投票日の前日, 上院議員は州内12都市を遊説して回り選挙民に最後の訴えを行った.

basic brown　環境問題に関心が薄い人

battleground　激戦区

beauty contest　人気投票

大統領の予備選挙のさらにその予備段階で, 拘束力のない人気投票の形で党候補者を選び出すこと. 代議員獲得数につながらなくても, 弾みを測る材料として, 特に予備選序盤で他派から注目されることがある.

• Why is this beauty contest necessary for Republican voters, given the enormous popularity of the incumbent running for re-election? 再選を狙う現職の超人気候補がいるというのに，共和党にとって人気投票などは必要だろうか．

bedfellow 同僚，仲間

政治家などの親しい間柄を指すのにしばしば使われる．

Beige Book 《the ～》ベージュブック，地区連銀経済報告

アメリカ連邦準備銀行が年に 8 回公表する白書．地域の経済状況が報告されている．表紙がベージュ色．

bell ringer ❶選挙運動員．❷地方の政治家

bellwether 先導者，先導［指標］となるもの，(…の目安となる) 指針

動向［趨勢］を占うもの，指標．[由来] 首に鈴をつけた先導の雄羊から．

◆ This bellwether county has chosen the winning presidential candidate in seven of the last eight elections. 指標に用いられるこの郡で選出された候補者は，過去 8 度の大統領選挙で 7 度の勝利を収めている．

Beltway 《the ～》ベルトウェイ，権力の中枢

ワシントン D.C. とメリーランド，バージニア両州の一部を囲む全長 66 マイルの環状ハイウェイ(I-495)．この環状線内には連邦政府と関係のある事業所，法律事務所，ロビイスト事務所などがあり，多くの政界・社交界の有力者が住んでいる．日本でいうなら「永田町」．

• inside the Beltway ベルトウェイの内側，ワシントンの伝統的エリート(の世界では)

• the Beltway mind ワシントンエリート特有の考え方

◆ It's said that many people who live inside the Beltway are more concerned about politics than issues far from the District. ベルトウェイの内側に住む多くの人びとは，遠く離れたベルトウェイの外側の問題よりも政治に関心があるといわれ

る.

Beltway bandit ベルトウェイ・バンディット, 武器売買コンサルタント

米国連邦政府の事業計画を手助けするコンサルティング企業. ワシントン D.C. の環状道路(I-495)沿いに事務所が多いことからこう呼ばれる. かつてこうした企業が連邦政府を食い物にしているとの悪評が経ち, 盗賊(bandit), 詐欺師のあだ名がついた. 現在は軽蔑的な意味合いはない.

♦ The campaign consultant was widely considered to be a Beltway bandit, charging outrageous fees for questionable activities. その選挙運動コンサルタントは, 効果が疑わしいような活動に対して法外な報酬を請求するベルトウェイの悪党と広く見られてきた.

benign neglect 善意ある無視, 慇懃な無視, 無策の策

見て見ぬ振りの慇懃な無視; なまじ手を付けるよりは放置する方がよいとすること. ニクソンの顧問ダニエル・モイニハン(Daniel Moynihan)は人種問題解決の鍵をこの言葉に求めた.

Best and the Brightest 《the ～》最良の, 最も聡明な人々

ケネディ政権とそれを継いだジョンソン政権で安全保障政策を担当した閣僚および大統領補佐官たちを指す. 1972 年, 『ニューヨークタイムズ』紙の記者デイビッド・ハルバースタム(David Halberstam)が同名の著書で, ケネディ政権とジョンソン政権で国防長官を務めたロバート・マックナマラ(Robert McNamara)を中心とした「最良の, 最も聡明なはずの人々」が米国をベトナム戦争の泥沼に引きずり込んでいった経緯について克明に描いた.

best man 《the ～》最もふさわしい人

大統領候補指名大会などで選ばれるべき適任者.

Bible Belt 《the ～》バイブルベルト

主に米国南部の fundamentalism(根本主義)が顕著な地域.

bicameral legislature 二院制(議会)

アメリカの連邦議会は上下両院から成る二院制をとっており，解散はない.

Biden, Joe ジョー・バイデン

Joseph Robinette Biden, Jr.(1942–)，オバマ政権の副大統領(民主党, 2009–2017)，ペンシルベニア州出身.

Big Enchilada / big enchilada 大物，有力者，お偉方，ボス

enchilada はトルティーヤ(tortilla)を用いたメキシコ料理の一つ．ウォーターゲート事件のきっかけとなった盗聴テープに記録されたときに, the top man あるいは the main target という意味で使われている．ニクソンの首席補佐官のハリー・ハルデマン(Harry Haldeman)が司法長官のジョン・ミッチェル(John Mitchell)を指して言ったことから流行したとされる.

bigfoot (新聞社で)著名な論説員[コラムニスト]

big government 大きな政府

1960 年代のケネディ，ジョンソンの民主党政権で強調された政治姿勢．通例, 中央集権化された政府の機能, 巨額の財政支出, そしてそれを賄うための高い税金を攻撃するのに使われる言葉.

 ◆President Ronald Reagan often criticized Big Government and its many programs as too expensive. ロナルド・レーガン大統領は「大きな政府」とそれに伴う多くの計画があまりに高くつくと, 度々批判した.

big mo 大きな勢い

big momentum の略．特に大統領選挙で, 初期の予備選挙やテレビ討論の勝利によって大きなはずみがつくこと．ジョージ・H・W・ブッシュが 1980 年に用いたとされる.

 ◆All presidential candidates have been seeking big mo on the campaign trail. どの大統領候補も, 選挙戦では強い追い風を受けようと躍起になっている.

big stick (政治・経済上の)圧力, 威圧

セオドア・ルーズベルトの演説 "Speak softly and carry a big

stick."(こん棒を持って穏やかに話せ)から.

- The Governor speaks softly but carries a big stick. 知事は言葉は柔らかだが, 威圧的である.

big tent/big-tent 名 包括政党[グループ]; 形 包括的な, 規制のゆるやかな

政党は広く討議をたたかわす場であって, 政治イデオロギーだけを決める場所ではないという理論. 由来 様々なショーが行われるサーカスの大テントに由来.

- Historically, Democrats have been an inclusive "big tent" party, one that welcomes people from a wide variety of ethnic and religious background. 歴史的に民主党は, 人種的・宗教的に幅広い層から人を受け入れる, 開かれた大きなテントの党であった.

- In my opinion, their big-tent politics, while reaching more people, dilute the potency of their goals. 私の意見では, 彼らの包容力のある政治姿勢は, より多くの人々を受け入れる反面, それが意図する目標の効力を薄めるという面もある.

bigwig 重要人物, 大立て者, お偉方

由来 18 世紀ごろ, 貴族, 高官, 金持ちなど上流の人々はかつらを着用していたことから 類語 big wheel, big shot.

- Some bigwig from the state capital is coming to inspect the project. 州都から州のお偉方がプロジェクトの視察のためにやってくる.

bill 法案

制定する目的で立法府に提出される.

Bill of Rights 権利の章典, 基本的人権に関する宣言

1791 年に一括して付された合衆国憲法の修正第 1 条から修正第 10 条までの条文で, 特に個人の権利を保護する規定. 1787 年に起草された憲法には, 人権保障規定がまとまった形で示されていなかった.

bimbo eruption(s) 女性スキャンダル

1992 年の大統領選挙中に最初はクリントン側が, のちにはブッシュ側が使った言葉で, 候補者と性的な関係があったと偽証する女性が続々と現れる現象のこと. bimbo は「頭の弱いふしだらな女」の意.

bipartisan 形 二党[党派]の; 二大政党提携の, 超党派の (cf. nonpartisan)

- bipartisanship 二大政党主義
- bipartisan diplomacy (二大政党による)超党派外交
- This bill needs bipartisan support in order to pass. この法案が通過するためには超党派の支持が必要だ.

Bircher バーチ主義者

John Birch Society の会員[同調者]. 由来 1945 年に中国共産党員に殺された米空軍司令官ジョン・バーチにちなんで名付けられた(cf. John Birch Society).

birther 出生地主義者

bite the bullet 歯をくいしばって耐える→困難に敢然と立ち向かう

- While no one on the city council wanted to raise taxes, they voted to "bite the bullet" and provide funding to replace a dilapidated school. 市議会には増税に賛成する者などひとりとていなかったが, 老朽化した学校の立て直しに要する資金を確保するために毅然として一票を投じた.

bitter-ender / bitter ender 最後まで折れない頑固な人

black advance (対立候補者の遊説先へ回って行う)選挙運動妨害

blackball 動 反対投票する

black budget 闇予算, ブラックバジェット

国務省と CIA の非公開予算のうち, 国家安全保障上の理由から使途が明らかにされていないもの.

black money 不正資金

black power / Black Power ブラックパワー

1960年代から70年代にかけて起きた black nationalist(黒人による社会の米国内建設を唱える黒人集団)の黒人解放運動(のスローガン).

Blair House ブレアハウス

ホワイトハウスの斜め前方にある米国政府の迎賓館.

bleeding heart 血の涙を流す人々, 心のやさしい人々

社会問題などに感傷的な感情をもつ人を否定的に指す言葉.

- ⬧There are too many bleeding hearts with bottomless pockets in the government. 政府には, 底知れぬ財力を持った慈善家気取りの連中があまりにも多い.

bleeding-heart 形 (心にもない)悲しみや同情を大げさに示す

- ●a bleeding-heart sentimentalist 大仰な感傷家
- ●a bleeding-heart environmentalist 感傷的な環境主義者.

bleeding-heart liberal 心やさしき自由主義者

低所得層の人々に対する福祉の拡充を求める超リベラル派の人々を指す. 社会福祉計画の縮小を目指す超保守派が, 軽蔑を込めてリベラル派を呼ぶ言葉.

- ⬧Derided as "bleeding heart" liberals, these progressives continue to back social programs to help less fortunate citizens. 心やさしき自由主義者とあざ笑いされながらも, これら革新主義者は恵まれない市民を援助するために社会奉仕事業への支持を継続する.
- ⬧Basically, I am a bleeding-heart liberal. 元来, 私は心のやさしい自由主義者です.

blind trust 白紙信託

政治家や高級官僚が, 自己の保有株を連邦政府が認定する信託機関に一括して預ける制度. 自らの地位を利用した株取引ができないようにするために設けられた.

block grant 包括的補助金, 定額助成金制度

連邦政府が地方自治体に交付する, 使途を明確に指定しない補助金. 対義語は categorical grant(特定目的補助金).

Blue Dog Democrat ブルードッグ民主党員

南部出身の保守的民主党員.

♦ The bill increasing welfare benefits passed Congress, despite Republican opposition and the defection of several Blue Dog Democrats. 共和党の反対や何人かのブルードッグ民主党員の造反にもかかわらず, 社会保険給付額を増額する法案が議会を通過した.

blue laws 厳法(厳格な法律)

厳格法(植民地時代のニューイングランド地方で定められた清教徒的な法律); 日曜日安息法(日曜日に労働・娯楽・商売などを規制する州法).

blue ribbon panel 政府任命の学識経験者による会議

特に重要な問題などを調査するために選ばれた専門家や有識者からなる委員会.

blue-sky law ブルースカイ法, 青空法

米国各州政府が定めた証券規制法の総称. 由来 法の提唱者の言葉, 「青空を独占しようとしている業者がいる」に由来する.

blue smoke and mirrors 巧妙に人の目を欺く仕掛け, 幻想, まやかし

問題のあるプロジェクトや候補者を, 議会や一般大衆に売り込む時に必要とされるトリック的手法, 偽装工作. blue smoke(紫煙)という語を用いて巧妙な偽装を強調しているが, smoke and mirrors が一般的(cf. smoke and mirrors).

blue states ブルーステート, 青色州

民主党支持者の多い州. 青は民主党のシンボルカラー(cf. purple state; swing state; red state).

Board of Elections 《the ～》選挙管理委員会

BOGSATT / bogsatt 密室協議

頭字語 bunch of guys sitting around a table talking(テーブルを囲んで密談する男ども). 仲間内だけでこっそり決定を下すこと. ペンタゴン用語.

Boll Weevil／boll weevil（党に害をなす南部の）超保守派民主党員

米国南部からメキシコに見られる綿花の害虫のワタミゾウムシに由来．民主党の力を食いつぶす虫という意味から保守的政策支持の南部民主党議員を指す(cf. Gypsy Moth)．

◆The Democratic leadership knew they couldn't count on the conservative Boll Weevils in their caucus to vote on defense cuts so they had to look to liberal Republicans for support. 民主党の指導者は党員集会における防衛費削減法案の採決に際し，保守的な南部の民主党員に依存できないとの認識から，リベラルな共和党員の支持に期待せざるを得なかった．

bolt 離党，自党の方針を拒否すること

bomb thrower 妥協しない人；妨害者

◆Known as a bomb thrower, the minority whip always took controversial positions as an obstacle on key legislation. 過激派で知られる少数派の院内幹事は，常に重要法案の通過妨害を企て論争の的になった．

BOMFOG／bomfog 頭字語 brotherhood of man, fatherhood of God（人類の友愛，父なる神）

第41代大統領政権の副大統領ロックフェラー(Nelson Rockefeller)の常用句．

boodle／boodler 収賄者，汚職政治家

boondoggle 名 動（多大な労力・時間・金を費やす）無駄[無意味]な仕事[活動・計画・公共事業]（を行う）

（政略的理由で連邦政府が出資する）無用な事業．

◆The proposed $400 million bridge to link an island to the Alaska mainland was considered an expensive boondoggle. 4億ドルをかけて，ある島とアラスカ本土を結ぶ橋梁建設計画は，高価で無用なプロジェクトと考えられた．

bork 動 候補者[公職者]を激しく攻撃する

マスコミなどを使って候補者や公的な地位にある人物を組織的

に攻撃すること. 1987年, 激しい反対運動で最高裁判事の任命が阻止されたボーク(Robert H. Bork)判事の名から.

boss ボス

議員事務所の職員が議員に呼びかける際の一般的な呼び方.

bossism ボスの政党支配, ボス政治

both sides of the aisle 民主・共和の両党(ともに)

- ♦ Senators on both sides of the aisle—both Democrat and Republican—agreed to work together on a new trade deal with Mexico and Canada. 民主, 共和両党とも, 上院議員はメキシコとカナダとの新たな貿易協定に協力し合うことで合意した.

bottle up (法案を)委員会での審理にとめおく, 議会に上げないでおく

bounce (政治家・政党の)人気が急上昇すること

- ♦ After withdrawing his support for the war, the senator saw a huge favorable bounce in public opinion その上院議員が戦争支持を撤回するや, 世論は一気に好転した.

Bourbon/bourbon 極端な保守主義者

(特に南部出身の)保守反動的な民主党員.

Boy Scout ボーイスカウトの一員; 生真面目すぎる人

妥協するということを知らず, ひたすら自分の理想とするところを実現しようとするうぶな政治家を揶揄する言葉.

- ♦ Gore may appear to be a neophyte—a political Boy Scout—when it comes to campaign finance. But in reality he has a deep understanding of the process. 選挙資金のことになると, ゴアは新参者, 政界のボーイスカウトのように見えるかもしれないが, 実はそのプロセスを深く理解している.

boys on the bus 候補者のあとを追うメディア関係者

bracketing ブラケティング

対立候補の演説が始まる前に遊説先に乗り込んで, 対立候補の経歴に疑問を投げかけ, 演説後は対立候補の政治姿勢を反駁して回る選挙戦術のこと. ブラケットは射撃用語.

Brady Act 《the ～》銃規制法, ブレイディ法

銃販売店に対する規制で, 銃の販売に5日間の猶予期間を設けることと購入予定者の身元を迅速に事前調査することを定めた連邦法. 1994年に発効したが, 現在は失効《レーガン大統領暗殺未遂事件で負傷し, その後銃規制に尽力したブレイディ元大統領報道官の名から》.

brain trust ブレーントラスト, 顧問団

フランクリン・ルーズベルト大統領政権が設けたものが有名. 政策立案者(policy-maker)の意がある.

◆President Obama built a brain trust by bringing in experts in finance, economics, law and governance. オバマ大統領は金融, 経済, 法律, 統治の専門家を起用して顧問団を形成した.

brass-collar 形 根っからの, 政治支持を曲げない

●a brass-collar Democrat （南部の)保守的な[生粋の]民主党員.

bread-and-butter issue 有権者の生計にかかわる問題

pocketbook issue ともいう(cf. pocketbook).

◆The dramatic increase in the cost of living is a basic bread-and-butter issue for every citizen, the candidate said. 生計費の劇的な上昇は, すべての市民にとっての生活にかかわる問題であるとその候補者は言明した.

break ranks 自分が属する組織に刃向う (cf. close ranks)

bribery 贈収賄行為

公務員の任務遂行に影響を及ぼす目的で, 金品を提供し, 贈与し, 受け取りまたは要求する行為.

●commit bribery 贈賄[収賄]する.

briefingbook ブリーフィングブック, 虎の巻

候補者や政治家が広範囲にわたる問題について把握しておけるようにと用意されるノート.

brinkmanship 瀬戸際政策

1950年代に戦争の瀬戸際(brink of war)まで追い込み, ソ連の譲歩を迫った米国国務長官ジョン・ダレス(John Foster Dulles)がとった強硬策. 今では一般的に瀬戸際作戦, 強硬策の意味で用いられる.

- The Senate Majority Leader was engaged in high-stakes brinkmanship, threatening to shut down government operations unless the president agreed to reduce domestic spending. 上院院内総務は一か八かの瀬戸際作戦に打って出て, 大統領が国内の歳出減に同意しない限り, すべての連邦政府機関や組織を閉鎖すると言って威嚇した.

brokered convention ブローカードコンヴェンション

多くの代議員を掌握している上位候補者が, 確保している票を利用して代議員の過半数を確保していない有力候補と取引をする党大会 (cf. open convention).

Brown vs. Board of Education, of Topeka, Kansas ブラウン判決

カンザス州トピカ市の公立学校における人種別学制を, 憲法の平等保護条項に違反するとした最高裁判決 (1954 年).

bubba vote 南部の白人票

特に南部の田舎に住む保守的な白人男性の票. bubba はたくましいやつ, でかい人などのニックネーム. クリントン大統領のニックネームでもある.

buck-passing 責任転嫁

- pass the buck to ... …に責任を転嫁する.

budget cutters 国の予算を食い物にして私腹を肥やす政治家 [役人]

budget hawks 緊縮財政派, 財政再建論者

- Budget hawks decried proposed spending levels and began identifying the programs which should not be funded. 緊縮財政派は, 今提案されている歳出水準を公然と非難し, 予算措置を取るべきでないプログラムの割り出しを始めた.

Budget Message (of the President) (大統領)予算教書

大統領が毎年 1 月, 議会開会直後に提出する予算案.

budget resolution （連邦議会の両院で採択された）予算決議

budget squeeze / budget crunch 緊縮予算

budget war 予算戦争

国の予算編成を巡る与野党の争い.

Bull Moose （1912 年, セオドア・ルーズベルトが率いた）革新党（**Progressive Party**）の党員; 革新党びいきの人; （革新党の象徴としての）雄オオシカ（cf. Progressive Party）

bully pulpit すてきな説教壇→公職の権威

（個人の考えを説き広める道具としての）公職の権威（authority and dignity）, 地位を利用した自己宣伝の機会. 由来 セオドア・ルーズベルト大統領が米国大統領職を指してこう呼んだことから. 高い公的権力があれば自分の政治的な考えを大衆に容易に伝えられる意. bully は「優れている」という意味の形容詞.

♦ The president used the bully pulpit—a nationally televised address from the Oval Office—to pressure airline pilots to settle their strike and restore the nation's air transportation network. 大統領は自らの地位を利用して, 執務室からのテレビの全国放送で, ストライキを終わらせ国の航空網を回復するよう航空機パイロットに圧力を加えた.

bundle 札束, 大金

bundling バンドリング, 選挙資金の取りまとめ

規則により, 政治活動委員会は 5000 ドルまでしか政治家に献金できないが, 個人は 2800 ドルまで献金することができる. このため, 委員会の個人メンバーやスタッフから個人献金の小切手を集め, それに委員会の献金としての小切手を一緒にして多額の献金を政治家に渡すというもの（cf. Political Action Committee）.

Bush, George H.W. ジョージ・H・W・ブッシュ

George Herbert Walker Bush(1924–2018), 第 41 代大統領(共和党, 1989–93), レーガン政権の副大統領(1981–89), マサチューセッツ州出身. 1980 年の大統領選では共和党の指名獲

得をレーガンと争うが中途で退き，後に彼とコンビを組み副大統領に就任．1988 年の大統領選で民主党のマイケル・デュカキス(Michael Dukakis)を破る．1990 年に起きた湾岸戦争を勝利に導いた大統領として，一時は 90% 近い世論の支持率を得たが，再選を目指した 1992 年の大統領選では国内経済の悪化が不利に働き，民主党のクリントンに敗れた．

Bush, George W. ジョージ・W・ブッシュ

George Walker Bush(1946–)，第 43 代大統領(共和党，2001–09)，コネチカット州出身．2000 年大統領選で，当時の民主党現職副大統領アル・ゴアに一般投票で負けながら，獲得選挙人数で上回り勝ちを拾った．

Bushism ブッシュ語 (cf. dubya)

第 43 代大統領ジョージ・W・ブッシュの独特の言葉遣い(文法的に破格な言い回し(主語なのに she ではなく her など)や evildoer(悪者，テロリストのこと)，Make no mistake about it.(間違いなしだ；MNM と略される)等の表現のこと)．

business as usual 平常通りの関係，これまで通りの活動，ままあまあいつもの通り

(変える必要があるのに)いつも通りの態度を取っていること．

♦ The newcomer's election as governor seemed to portend a new era of openness, but when the legislature convened, it was business as usual. 新人州知事の選出は新しい開かれた時代の前兆かと思われたが，議会招集後は旧態依然としたままだった．

buzzword 《話》業界用語，流行語っぽい専門語

商業，政府，科学技術などで定着した専門語．たとえばニクソン政権は yardsticks(ヤード尺，基準)，民主党系経済学者は guidelines(ガイドライン)を愛用した．

by-election 補欠選挙

bylaw 内規，付属定款

byline story／byline article 署名(入り)記事

C, c

Cabinet/cabinet 大統領顧問団［諮問団］

15 の政府省庁の最高責任者全員が大統領に指名され，上院の承認を受ける．

Cable Satellite Public Affairs Network/C-SPAN Ｃスパン

1979 年設立のケーブルサテライト広報ネットワーク．米国の非営利ケーブルテレビ局．議会の審議や政治家の記者会見，米国政治に関係深い会議などを中継．

Calendar Wednesday カレンダー水曜日

下院で，どの委員会も議事日程(calendar)にない法案を提出できる水曜日．

California カリフォルニア 《略》Calif. (CA)

[人口] 約 3269 万人(1 位) [面積] 423,970km²(3 位) [加盟年] 1850 年 9 月 9 日(31 番目) [州都] Sacramento(サクラメント) [都市] Los Angeles(ロサンゼルス) [モットー] (ギリシャ語)Eureka (I have found it; われ発見せり) [愛称] Golden State(黄金の州); Eldorado State(黄金郷の州) [大統領] ニクソン(37 代) [選挙人] 55 人(1 位) [人種構成] Ⓦ 37.9 Ⓑ 5.5 Ⓗ 38.8 [2016年] Ⓡ 32 Ⓓ 62 [2012年] Ⓡ 37 Ⓓ 60 [州議会] L [州上院] SN [州下院] A [友好] 大阪府．

Camelot ケネディ大統領の政権［政治のスタイル］

華やかで魅力に満ちた時代．特に，ケネディ政権時代(1961–63)を指す．[由来] キャメロットの町に宮廷を持つアーサー王伝説を扱ったミュージカル *Camelot*(1960 年)をケネディ大統領が好んだことと，ケネディのカリスマ性をアーサー王のそれに重ね合わせたことから．

♦John F. Kennedy's charisma and his "Camelot" presidency

was a catalyst for media exposure.　ジョン・F・ケネディのカリスマ的資質と，さながら『キャメロット』のように華々しい大統領としての立居い振舞いは，メディアに大々的に取り上げられた．

campaign　政治［選挙］運動, 遊説

♦ Governor Fletcher's campaign for re-election fell short, as urban voters opposed to his policies outnumbered rural support.　再選を目指すフレッチャー知事の運動は力及ばずだった．彼の政策に反対する都市部の票が農村部の支持を上回ったからである．

campaign button　キャンペーンボタン

支持者が胸などに付ける候補者の名前, 写真やスローガンなどが入った丸い缶バッチ．

campaign chest ［fund, finance］　選挙資金

♦ Campaign finance laws were designed to limit the influence of corporate money on elections, but candidates have found various ways to circumvent the legislation's intent.　選挙資金に関する諸法規は企業の選挙献金の影響力を制限するために設けられたが，この法の意図に反して候補者はさまざまな抜け道を見つけ出した．

campaign promises／campaign pledge　選挙公約

campaign swing　選挙運動のための地方遊説

選挙運動のため, 各地を飛び回って旅行する(swing)ことから生まれた表現(cf. campaign trail)．

campaign trail　選挙遊説

campaign swing(地方遊説)は, 個別の訪問を指す言葉として使われるのに対し, campaign trail は, 特定の選挙戦中の遊説全般を意味する．

Camp David　キャンプ・デービッド

メリーランド州カトクティン(Catoctin)山地にある大統領の別荘(presidential retreat)．外国要人との会談によく使われる．ア

イゼンハワー大統領の孫の名が付けられた.

♦ The two leaders will meet at the President's Camp David retreat. 二人の指導者は大統領のキャンプ・デービッド山荘で首脳会談を行う.

camp follower (党派の一員ではない)共鳴者, 同調者

特定の集団の主義・主張に同調しつつも, 正式には組織に属さない人.

♦ Even though I'm registered as an Independent, I'm a camp follower and usually vote for Republicans. わたしは主義・政策次第の無党派で特定の政党に属していないが, 普段は共和党候補に票を投じている.

candidate 候補者

● candidate image 候補者のイメージ.

canvass 動(選挙区を)遊説してまわる, 選挙運動をする; 世論調査をする; (投票を)点検する

投票を依頼したり, 意見や注文を得るために歩きまわる.

canvassing board ❶選挙委員会 ❷(投票などの)集計ボード

canvassing speech 選挙演説

Capitol / Capitol Building 《the ～》連邦議会議事堂, 連邦議会

Capitol Hill キャピトルヒル

連邦議会議事堂(Capitol)があるワシントン D.C. の丘. the Hill ともいい, 米国連邦議会(Congress), その上下議員(Congressman/Congresswoman)を意味する. "on the Hill" といえば「連邦議会で」の意.

● a Capitol Hill hearing 米国連邦議会の公聴会

♦ They're debating that nuclear waste issue on the Hill today. 今日連邦議会で例の核廃棄物問題が論議されている.

captive candidate 言いなり[飼い犬]候補

ほかの人たちに完全に支配されている候補のこと.

capture theory ミイラ取り説, とりこ理論

連邦機関や議会の委員会などが, 本来規制すべき利益団体を逆

に擁護することになってしまうという説のこと.

card-carrying 形 会員証をもった, 正会員の →典型的な

本来共産党党員証をもつ人の意で用いられるが, 後にある特定の党[組織・主義]などに執着する人に対し, a card-carrying capitalist(典型的な資本主義者), a card-carrying Democrat(正真正銘の民主党員)の意でも用いられるようになった.

- ◆The politician's card-carrying Tea Party supporters vowed to back his proposed fiscal policies, no matter what the consequences. その政治家が所属する正真正銘の茶会党の支持者たちは, 結果がどうであれ彼が提案している財政政策を支持すると確約した.

caretaker 形 (政権が)暫定的な

- ●a caretaker appointment 暫定的任命
- ●a caretaker government 暫定政府.

carpetbagger (軽蔑的に)地縁・血縁などのない選挙区で出馬する政治家

元来は南北戦争直後, 南部に一儲けをたくらんで渡ってきた北部の人を指し, そこから転じてよそから来る「渡り政治家」の意. [由来] 多くの人たちがカーペットや分厚い布でつくった袋をさげていたことから.

- ◆Opponents blasted the candidate as a carpetbagger, an outsider who would not reflect the district's Southern values. 対立候補は, その候補者は渡り政治家で地域がもつ南部の価値観を反映しないアウトサイダーだと激しく攻撃した.

Carter, Jimmy ジミー・カーター

James Earl Carter, Jr.(1924–), 第39代大統領(民主党, 1977–81), ジョージア州出身. 大統領選では "Jimmy, Who?"(お前さん, どこのジミーさんだい)と揶揄されたほどの知名度の低さを庶民的スタイルで克服, 大統領在任中も世論に訴えかける手法を多用した. 人権擁護を政策の中心に据えたが, 反面, 1980年イランのアメリカ大使館人質救出作戦に見られた強引な外交は

世論の批判を浴びた．2002 年にノーベル平和賞を受賞．

casework ケースワーク

社会生活上の問題をみずから解決するのが困難な個人・家族
に個別に援助を行う活動．

♦ The senator's office devoted significant energy to constituent
case work, helping citizens obtain Social Security or
Veteran's benefits. 上院議員の事務所は選挙民の社会福祉，た
とえば生活保護手当や退役軍人年金取得の補助にかなりのエ
ネルギーを投入した．

casting vote キャスティング・ボート

議案の採決で賛否同数の場合に議長が行使する採決権．tie-
breaking vote ともいう．

♦ The Chairman used his casting vote to block the motion. 議
長は動議を阻止するために採決権を行使した．

cattle show 畜牛品評会→政治家の品評会

《くだけて》(大統領)候補者が有権者に政見を表明し献金を募る
党大会などの公開集会．

● to raise money by holding cattle shows 公開集会を催して資
金を募る．

caucus 党員集会，コーカス

党の政策決定，議会の指導者選出などを行う政党の党員集会．
大統領選挙の場合，一部の州では州および全国の党大会に送る
代議員(delegate)を caucus の場で選出する．caucus の語源は
不詳．一説にはアメリカ先住民族アルゴンキン語族の elder, ad-
viser が語源といわれている．2020 年はアイオワ州を皮切りに
ネバダ州，ノースダコタ州，ワイオミング州の 4 州で行われた．

caucus state コーカス・ステート

大統領選挙の際，州の党員集会で大統領選挙人を選出する州．

cautiously optimistic 用心深く楽観的な

交渉の成り行きなどについて，完全に安心しきって気を緩める
ことはないが，全体としては楽観的であるときに使う．

CBO ⇨ Congressional Budget Office

Central Intelligence Agency / CIA 《the ～》中央情報局

国家安全保障会議の傘下にある機関で，国外の情報収集活動を統括する任務がある(cf. National Security Council).

centrist 形 中道派の，中道寄りの

- a centrist presidential candidate　中道派[穏健派]の大統領候補.

CFR¹/Code of Federal Regulations 連邦規則集

行政府が制定した諸規則を項目別に編集したもの.

CFR²/Council on Foreign Relations 外交問題評議会

シンクタンクを含む超党派組織. 外交問題・世界情勢を分析・研究，米国の対外政策決定に対して著しい影響力をもつといわれている.

chair 椅子

議長などの権威ある地位の象徴.

- take the chair　議長の座につく；会議を開会する.

chamber ❶議院，議会. ❷議場

連邦議会は，上院と下院の2つの議院で構成される. また，公務を行う議場も意味する.

- speak in the chamber　本会議場で発話する.

chaplain 牧師

本会議開会に先立って牧師による祈祷が行われる.

Chappaquiddick Incident 《the ～》チャパキディック事件

マサチューセッツ州南東部チャパキディック島で，1969年7月エドワード・ケネディ(Edward Kennedy)上院議員の車が橋から転落，同乗していた女性秘書が溺死するという事件が起きた. ケネディ議員が翌朝まで警察に事故を知らせなかったため疑惑をもたれ，それを機に同議員は政治生命を断たれることとなった.

character issue 人格[品格]の問題

charm offensive 魅了戦術

政治的な目的を達成するために, 意識的に相手に温かく接する
こと. 特に相手の心をつかむために政治家が行う広報活動,「お
色気攻勢」.

◆ The senator hoped to gain favor from Catholic voters after
his charm offensive with the Vatican. 意図的にバチカン詣を
した上院議員は, その結果自分の選挙でカトリック教徒の票が
多く取れればと願った.

cheap shot (人の弱みにつけこんだ)卑劣な言動, 中傷

(無防備の相手に行う)不当・軽蔑的な当てつけ, 卑劣な言葉[行
為]. 本来はスポーツ用語. 相手が見ていなかったり, 用意がで
きていないときに攻撃することを指す.

◆ Candidate Trump seemingly took a cheap shot at opponent
Hillary Clinton by threatening to invite women who had al-
leged affairs with Bill Clinton. ビル・クリントンと関係を
持ったとされる女性を自分が招くと脅し, トランプ候補は対立
候補のヒラリー・クリントンに対し不当な当てつけをしたと思
われる.

checkbook journalism 札束ジャーナリズム

高額報酬でニュース源を独占しようとする風潮を皮肉った表
現.

checks and balances 抑制と均衡(の手段)

合衆国憲法で定められている, 行政府・立法府・司法府の3つ
の部門に政治権力を分割させる制度. 三権分立と同義. 各部門
は, 他の部門に対して何らかの形で権限を行使し, それにより,
多くの個人や機構の間に権力の均衡が図られるだけでなく, 権
力の腐敗の抑制も可能になると考えられている.

Cheney, Dick ディック・チェイニー

Richard Bruce Cheney(1941–), ジョージ・W・ブッシュ政権の
副大統領(共和党, 2001–09), ネブラスカ州出身.

chicken in every pot 《a 〜》すべての鍋の中に一羽のニワト
リを

1928 年の大統領選挙でフーヴァーが使った共和党の公約ス
ローガン.「すべての人に繁栄を」(prosperity for all the peo-
ple)という趣旨(cf. Hoover, Herbert).

♦ "Clinton's a showboat," a 35 year-old voter said. "He's run-
ning around offering a chicken in every pot. When a man
makes a lot of promises, you've got to watch him." 「クリント
ンは目立ちたがり屋だ. 彼はすべての鍋の中に一羽のニワトリ
を提供すると触れ回っている. 約束ばかりする奴はしっかり見
張っていなければ駄目だ」と 35 歳の投票者が言った.

Chief Executive 《the 〜》行政長官

合衆国大統領のこと. 大文字で書かれている場合は大統領, 小
文字の場合には州知事(governor)を指すこともある.

Chief Justice (of the United States) 合衆国最高裁判所長官

連邦最高裁判事(Associate Justice)8 人と連邦最高裁判所を構
成し, 表現の自由など広く政治・社会問題について違憲・合憲
の立場から判断する. 長官を含め判事 9 人の人事は大統領が指
名(nominate)し, 上院が承認(confirm)して成立する.

Chief of Staff 大統領首席補佐官

chip in one dollar チップインワンダラー, 献金願い

Christmas tree bill クリスマスツリー法案《複数の法案を束ねる》

法律の骨子とは直接関係のない部分に繰り返し修正を加えて,
種々の特定の利益集団を有利にする法案. 由来 木そのものには
手を付けず, 周りにあれこれと飾りを取り付けるクリスマスツ
リーになぞらえたもの.

♦ If one really wants to see how corporate interests pervade
the political process, one must simply examine the numerous
amendments of the so-called Christmas tree bills that crop
up each year. 企業の権益がいかに政治のプロセスに浸透して
いるかを知りたいなら, 毎年のように上程されるいわゆるクリ

スマスツリー法案にみられる数多くの修正条項を精査するに尽きる.

CIA ⇨ Central Intelligence Agency

civil liberties 市民的自由

合衆国憲法やその修正条項において保障されている自由権を指す. 言論出版, 集会, 信教, 生命身体の自由など政府の専断的行為からの自由がその主な内容である.

civil rights 市民的権利

あらゆる個人に基本的な自由を保障する合衆国憲法やその修正箇条, また諸法律により保障された, 広範囲にわたる特権や諸権利.

civil service/CS 行政事務

clambake 海辺のにぎやかなパーティ→騒がしい政治集会

claque さくら客

トランプ大統領が米中央情報局(CIA)を訪れた際, 実際に拍手をしていた職員は雇われた「さくら」だったという指摘がなされた.

Class of ... 《the 〜》…年の同期組, …年組

その同じ年に初めて議員になった人たちを指す表現.

  ♦ The Class of 1974 consisting of 103 politicians is famous for having swept into Congress in the wake of President Richard Nixon's resignation. 103 名の議員から成る 1974 年組は, ニクソン大統領辞任直後に粛々と議会入りしたことでよく知られる.

clean bill 修正法案, 新規全面見直し法案, 委員会の審議によって大幅に改善された法案

  ♦ After a number of amendments were offered, the committee members decided to bring a vote on a clean bill without additional changes. 幾つも修正案が提示されたが, 委員会の委員は法案を一切変更することなく, 新規法案としての採決を決定した.

clean sweep （選挙などにおける）完勝, 総なめ

♦ The election was a clean sweep for the senator, who won in nearly every county. 選挙はほとんどすべての郡で勝ったその上院議員の完勝だった.

clear and present danger 明白かつ現在の危険

明瞭(clear)かつ現存する(present)危険, 明白な現実の危険言論の自由が合法的に制限されうる場合を判断するため, 米国最高裁判決で設けられた基準(1919 年). この基準によれば, 直ちに暴力に発展する言論または直ちに国家の安全を著しく減じる恐れがある言論は処罰できることになっている. なお, 現在では以下の用例のように, この句は特に政治の世界で危機感を煽る際に頻繁に使われている.

♦ Rep. Escobar, stated President Trump is a clear and present danger to our free and fair elections and our national security. エスコバル下院議員は, トランプ大統領の言動は米国の自由で公正な選挙や国家の安全を脅かす明白かつ現在の危険だ, と述べた.

Clinton, Bill ビル・クリントン

William Jefferson Clinton(1946–), 第 42 代大統領(民主党, 1993–2001), アーカンソー州出身. 当時の共和党の現職大統領ジョージ・H・W・ブッシュを破って 16 年ぶりの民主党大統領となった. 経済のグローバル化を推進すると同時に, 経済・金融の規制を緩和するなど共和党の政策の一部も取り入れた(cf. triangulation). 外交ではポスト冷戦期の最初の大統領として, 世界の地域紛争を抑えるためにボスニア紛争, イスラエル・パレスチナ PLO との交渉などに選択的に介入した.

cloakroom （連邦議会の）議員控え室

上院議場と下院議場のそばにある議員の控え室. 議員たちはここで会議や雑談などのほか秘密折衝や裏交渉などを行う.

♦ Many senators gather in the cloakroom between floor debates to review last minute changes to legislation. 法案の最

終変更の詰めを行うために, 多くの上院議員が議場での審議の合間に議員控室に集まる.

closed primary 閉鎖的予備選挙, 制限予備選挙

ある政党に登録された有権者だけが投票できる予備選挙. 投票権を得るためには, 入党を宣言しなければならない(cf. open primary).

close ranks (大統領予備選挙後に)一致団結を呼びかける; 挙党体制を組んで本選挙に臨むことを呼びかける (cf. break ranks)

♦The party would more likely close ranks and support their president rather than abandon him in an election year. 党として選挙の年に大統領を見限るよりも, 今は結束して大統領を支持する可能性が高い.

closet liberal 隠れリベラルの政治家

特に政治において, 自由主義を信奉していることを隠している保守主義者. 対義語は closet conservative(隠れ保守派).

clothespin vote 洗濯ばさみ投票

好みの候補者ではないが, ほかに選択肢がなく党に対する忠誠心から, 鼻に洗濯ばさみをつけて悪臭を嗅ぐ思いで行う投票.

cloture 討論終結

❶議会で, 議題の討論を打ち切る正式な手続きをいう. その後すぐ投票に入る. ❷フィリバスター停止要求動議. フィリバスター(filibuster)を停止させるためには, 上院議員全員の5分の3(60名)の賛成がなければ実現しない(cf. filibuster).

clout 迫力, 勢力, 影響力

特に政治的影響力(political power).

coattail effect 《the 〜》便乗効果, 有力政治家の威光による効果

coattail (男性コートの裾)が引きずられるイメージから, 人気の高い大統領候補が選出される場合, その人気に連動する形で, 大統領と同じ政党に属する連邦議会議員が票を多く集める傾向がある. こうした議員は大統領のいわば「七光り」で公職に選ば

れることがある.

♦ Although he counted on the coattail effect to win him the election, he was completely beaten by his Democratic opponent. 彼はコートテール効果頼みで選挙に臨んだが, 民主党対立候補に完敗した.

coattail rider 他人に便乗して選挙で当選しようとする人

♦ The candidate thought he'd win the race by riding the coattails of a popular president, but his controversial positions proved fatal to his election. 人気のある大統領の威光を借りて勝てると踏んでいた候補者だが, 物議をかもす彼の見解が致命的な敗因となった.

codel ⇨ congressional delegation

co-equal 名 形 (地位・重要度・能力などが)同等[同格]の(人[もの])

♦ The dispute between Congress and the Administration could not be immediately resolved as both are co-equal branches of government. 議会と政府は対等な部門であるため, 両者の論争は一朝一夕に解決できるものではない.

coffee-klasch campaign／coffee-klatch campaigning コーヒー遊説

候補者が民家に集まった有権者とコーヒーを飲みながら政策を語ること.

coffer 金庫; 財源《通例 coffers》

COLA ⇨ cost-of-living adjustment

colleague 先生

上下院の議員が他の議員に呼びかけるときに使う言葉.

Colorado コロラド《略》Colo. (CO)

[人口] 約511万人(22位) [面積] 269,601km²(8位) [加盟年] 1876年8月1日(38番目) [州都] Denver(デンバー) [モットー] (ラテン語)Nil Sine Numine (Nothing without Providence; 神の摂理なしには何もなし) [愛称] Centennial State(100年記念の州)

選挙人 9人(22位) 人種構成 Ⓦ 68.6 Ⓑ 3.9 Ⓗ 21.3 2016年 Ⓡ 43 Ⓓ 48 2012年 Ⓡ 46 Ⓓ 51 州議会 GA 州上院 SN 州下院 HR 友好 山形県.

Commander in Chief / commander in chief 最高司令官, 最高指揮官

合衆国大統領のアメリカ軍最高武官としての役割. 憲法がこの権力を与えているが, 抑制と均衡の制度により, 議会には宣戦布告の権限が与えられている.

committee 委員会

個々のメンバーに重点を置くときは複数扱い. 一人の委員を指すときは a member of the committee, a committee member となる.

Committee of Selection 《the ～》諸委員会の委員を選出するための委員会

Committee of the Whole 全院委員会

構成員は下院議員全員. 歳入法案, 歳出法案(outlay), 資金・資産の支出を伴う公法律案(public bill)は本委員会で審議することが議事規則で定められている.

Committee on Committees 《the ～》委員会設立[選出]委員会

Committee on Ethics 《the ～》倫理委員会《下院》(cf. Ethics in Government Act)

Committee on Finance 《the ～》財政委員会《上院》

Committee on Financial Services 《the ～》金融委員会《下院》

Committee on Foreign Affairs 《the ～》外交委員会《下院》

Committee on Foreign Relations 《the ～》外交委員会《上院》

Committee on Oversight and Government Reform 《the ～》下院監視・政府改革委員会

Committee on Rules 《the ～》規則委員会

Committee on Rules and Administration 《the 〜》議院
運営委員会

Common Cause 「共通の目的」運動

1970 年に結成された政治圧力団体. 市民の意志に反する行政
の改革を目指し, 選挙運動資金の公開, 情報公開法の制定など
の成果をあげている.

common ground 共通基盤

クリントン大統領が中道主義や団結心などを説くときによくこ
の言葉を使った.

companion bill コンパニオン法案, 同僚法案, 相対法案

別の院で提出されている法案と類似または同一の法案のこと.

concede 🔟 敗北宣言を出す

concession speech 敗北宣言, 落選演説

大統領選挙で公式の結果を待たず相手の勝利を認めるスピー
チ. 勝利宣言は victory speech.

concurrent resolution 両院一致決議

上下両院で採択されるが議会の意思を表明するだけのもので
法的拘束力を持たない決議. 従って大統領署名を必要としない
(cf. joint resolution).

Conference Committee (of both Houses) 両院協議会

同じ法案が上院と下院で異なった議決をしたとき, 相違点を解
消するために下院議員と上院議員が協議する会議. 法案が大統
領に送付されるには, 両院で同一の法案が可決されなければな
らない. 協議会の個々の委員は conferee(両院協議会委員)とい
う.

confirmation 正式な承認

大統領による行政府職員や連邦裁判官の指名人事を, 上院が承
認する行為.

 • confirmation of the appointment 指名人事の承認.

confirmation hearings 上院承認審査会

連邦政府の要職に就く候補者についての情報を集めるための

上院の会議. これに基づいて大統領が各候補者を指名する.

conflict of interest 利害相反

政治家が関わった法案や政策決定が, 故意または結果的に自己の利益の保持につながる場合を指す.

confrontationist 形 ❶対決を求めて［支持して, 弁護して］. ❷伝統的な価値［方法］と衝突して

- confrontationist politicians 対決的な政治家.

Congress アメリカ連邦議会, 上院(Senate)および下院(House of Representatives)

上下両院から成る立法府を指す. 権限は両院ほぼ対等だが, 上院は条約批准同意権と官職任命同意権の二つの特権を持ち, 下院は歳入法案先議権をもつ. 解散はない. 由来 漸進的な前進(gradual progress)が民主主義の手法であり, それは議会(congress)によって実行されるという意味から.

Congressional Black Caucus/CBC （連邦議会)黒人議員幹部会, ブラックコーカス

連邦議会における黒人議員の正式組織. マイノリティ集団である黒人の声を政治に反映させることを目的として結成された.

Congressional Budget Office/CBO 《the ～》(連邦議会)予算事務局, 議会予算局

Congressional Caucus （連邦議会)下院の調整部会

特定の有権者集団を代表し, 政策の調整をはかる.

Congressional Caucus for Women's Issues （連邦議会)女性問題調整部会

congressional delegation/codel 議会公式派遣団; 連邦議員海外派遣団

codel は congressional(議会の)＋delegation(派遣団)の合成語.

congressional district （連邦議会)下院議員選挙区

Congressional Hispanic Caucus （連邦議会)ヒスパニックコーカス

congressional immunity 議会証言免責

議会の委員会で証言する人は，その証言によって訴追されないことを条件に，合衆国憲法修正第5条で保証された黙秘権を放棄するというもの．

Congressional Medal of Honor／CMOH 《the ～》栄誉章

合衆国軍隊における最高位の勲章．しばしば名誉勲章と呼ばれる．戦闘員の犠牲的殊勲に対し，議会の名において大統領が親授する．

Congressional oversight 連邦議会による監視[監督]

congressional privileges 議員の免責特権

議員に対し2つの特権が認められ，1つは会期中逮捕されないこと，もう1つは議会での発言について院外で法律上の責任を問われないことである．

Congressional Progressive Caucus／CPC 連邦議会進歩コーカス

Congressional Record 《the ～》連邦議会議事録

議会中毎日発行され，各法案(bill)の議決の経緯，委員会(committee)へ送付された法案，委員会から提出された法案，発言内容などが記録されている．

Congressional Research Service／CRS 連邦議会調査局(部)

congressman／congresswoman 《しばしば C-》連邦議会議員

(特に)下院議員(cf. representative).

congressman at large 全州一区から選出された下院議員

人口が少ないために1議席しか割り当てられない州から選出された下院議員．

Connecticut コネチカット (略)Conn. (CT)

[人口] 約358万人(29位) [面積] 14,357km²(48位) [加盟年] 1788年1月9日(5番目) [州都] Hartford(ハートフォード) [都市] Bridgeport(ブリッジポート) [モットー] (ラテン語)Qui Transtulit

Susutinet (He Who Transplanted Sustains；移住せしもの，なお耐えぬく）〔愛称〕 Nutmeg State(ナツメグ州); Constitution State(憲法の州）〔大統領〕ジョージ・W・ブッシュ(43代）〔選挙人〕 7人(27位）〔人種構成〕Ⓦ 68.1 Ⓑ 9.8 Ⓗ 15.4 〔2016年〕Ⓡ 55 Ⓓ 41 〔2012年〕Ⓡ 41 Ⓓ 58 〔州議会〕GA 〔州上院〕SN 〔州下院〕HR.

conservatism （政治上の）保守主義

保守的傾向，保守性.

conservative coalition 保守連合

共和党議員と南部出身の民主党員が，投票行動に際して非公式に結束すること.

consigliere 法律顧問

スキャンダルに巻き込まれた政治家が，対策を相談する法律顧問の意味でよく用いられる．原語はイタリア語.

conspiracy theory 陰謀説

不可解な事件の背後にはすべて陰謀があるとする考え方.

constituency 《集合的に》(議員選挙区の)有権者，選挙民；選挙区

- a predominantly agricultural constituency base　農村部中心の地盤.

constituent 選挙権者，選挙人，有権者

- one's constituents　支持が見込まれる選挙民.

contempt of Congress 議会侮辱(罪)

連邦司法部門の活動を故意に妨害すること．たとえば召喚状(subpoena)を受けた証人が議会での証言を拒否すると，議会侮辱罪で裁判所に召喚される.

continuing resolution/CR 予算継続措置

正式の政府歳出予算が施行されるまで政府事業の続行を認める連邦議会の措置.

Contract with America アメリカとの契約

1994年の中間選挙で下院共和党の保守派ニュート・ギングリッチ(Newt Gingrich)が中心となってまとめた，急進的改革

を目指した選挙公約．選挙では，上下院とも共和党が圧勝，40年ぶりに議会の主導権を獲得した．

contribution 寄付金，献金
アメリカ政治では個人献金（200ドル以上）の占める割合が大きい．

convention （政党の）党大会，コンベンション
大統領候補を選出する大会，その参加者．

convention bounce 党大会効果
党の全国大会の模様が報道されると，大会直後に行われる世論調査で大統領候補の支持率が一時的に跳ね上がること．post-convention bounce ともいう．

cookie pusher おべっか使い
特に国務省で社交儀礼にたけた若い外交官．

Coolidge, Calvin キャルヴィン・クーリッジ
John Calvin Coolidge, Jr.(1872–1933)，第30代大統領（共和党，1923–29），ハーディング政権の副大統領(1921–23)，バーモント州出身．当時の大統領であったハーディングの死去により，その後継として副大統領から大統領に就任した．無口で「寡黙なキャル」(Silent Cal)のニックネームで知られた．

co-opt / coopt 動 選出する，推挙する；（反対者を）吸収する
たとえば党の有力候補が，力の伯仲したもう一人の候補を出し抜いて党首に納まりたい場合などに，問題のライバルを自分の個人的グループに「同志」として選び入れる．

corridors of power / corridors-of-power 権力の回廊
権力が存在するとされる政府高官などの上部階層．
- a corridors-of-power fight 陰の権力闘争
- The West Wing of the White House and the Speaker's office —both are corridors of power determining the direction of this country. ホワイトハウスの西棟，そして下院議長の執務室，いずれもこの国の行く末を決める権力の回廊である．

corruption 腐敗行為，汚職

実際には贈収賄を指し，scandal と同義に使われる．

corrupt practices act 腐敗行為防止法

連邦・州の選挙運動資金規制法．選挙における票の買収の禁止，政治献金・選挙費用の制限などを定めた．

- corrupt practices （特に選挙における）不正行為．

cost-of-living adjustment／COLA 生計費調整

消費者物価の上昇に応じて自動的に賃金を上げること．

♦ The union is demanding a COLA clause and improvements in pension insurance plans. 組合は生計費調整条項，および年金保険制度の改善を要求している．

Cotton Belt 《the ～》綿花地帯

18世紀後半から20世紀にかけて綿花が主たる換金作物(cash crop)であった米国南部の地域《特にアラバマ，ジョージア及びミシシッピの諸州》．

cover-up 隠蔽（工作），もみ消し

♦ The evidence left little doubt that President Nixon had been a part of the Watergate cover-up. 歴然と証拠があり，ニクソン大統領がウォーターゲート隠蔽事件に関わっていたことに疑いの余地はほとんどなかった．

cowboy カウボーイ

党の規律に反対を唱えている人，つまり無所属で行動する政治家を指す．

crack the whip 厳格に取り扱う

由来 サーカスの猛獣使いが，鞭(whip)を打ってライオンなどを思うように動かすところから．

♦ Knowing that the legislative session was quickly drawing to a close, the Speaker of the House began cracking the whip to finish the chamber's business on time. 議会での審議が急遽終わりに近づいていると認識した下院議長は，下院の議事が時間通りに終わるよう厳しい目を注ぎ始めた．

credibility gap （政治家などへの信頼感をそこなう）言行不一致

CREEP／creep 大統領再選委員会

　頭字語 Committee to Reelect the President. ウォーターゲート事件につながる活動をしたニクソン大統領再選のための運動組織を侮蔑的に呼んだもの.

crony （不正に手を染める）有力者の仲間

　悪友, ぐる, 取り巻き（連中）の意.

cronyism えこひいき, 縁故主義

　政界で, 派閥の仲間, 友人, 知人などを要職につけること(cf. nepotism).

　◆ The mayor was criticized for alleged instances of nepotism and cronyism. 市長は親族や縁故者を過度に重用しているふしがあるとして批判を浴びた.

cross-file 動 複数のファイル［データベース］にまたがる

　複数の政党の予備選挙に候補者として登録する.

　◆ All four candidates plan to cross-file on both the Democratic and Republican ballots in the primary. 4人の候補者が予備選でいずれも民主共和両党の候補として登録の予定だ.

crossover／crossover voter クロスオーバー

　乗り換え投票者；予備選挙で, 本来の支持政党以外の候補者に票を投じる人.

crossover voting 交差投票, 鞍替え投票, 乗り換え投票

　同一政党に属する連邦議会議員が, 賛成と反対に分かれて法案に投票すること. 議院での拘束力が弱く, 選挙区の利益を優先した各自の判断が認められる.

cross the aisle 宗旨替えをする, 変節する, 転向する

　米国議会の共和党側の席と民主党側の席を隔てる通路を横切って相手側に移ることから.

　◆ This handful of Democrats crossed the aisle to support a less expensive Republican health care proposal. 数名の民主党員は宗旨替えをして, 共和党が提案する安価なヘルスケア案を支持した.

CRS ⇨ Congressional Research Service

C-Span / C-SPAN ⇨ Cable Satellite Public Affairs Network

Curtis, Charles チャールズ・カーティス

Charles Curtis(1860–1933), フーヴァー政権の副大統領(共和党, 1929–33), カンザス州出身.

czar (特定問題の)担当官, 責任者

ロシア皇帝を指す Czar に由来し,「絶対の権力者」を意味する.

●an energy czar　エネルギー問題担当官.

D, d

damage control 善後[収拾]策, 被害対策

スキャンダルなどに巻き込まれた場合, それによって被るイメージダウンを最小限に食い止めるための手段・対策.

♦ We better do some damage control before the press gets the investigative report mentioning our senator. うちの上院議員について徹底的に追求する報道が出る前に, 善後策を講じておいた方がよい.

♦ The senator has been doing damage control ever since he let slip racist remarks during a television interview. テレビインタビューの際に人種差別的な失言をして以来, 上院議員はずっと収拾策を講じてきた.

dance card ダンス・カード

議員やロビイストの多忙なスケジュールを指す.

dark green ダークグリーン

環境保護のみに重点を置く姿勢(light green)に対して, 地球の生態環境のバランスの維持を支持する政治姿勢. より革新的な環境保護主義.

dark horse 未知数の出走馬, 思いがけない勝者

ダークホース, 予想外の実力者, 党の指名を受けられそうもない候補. [由来] アメリカの競馬で, 黒い駄馬が勝った例から, 穴馬をいう.

♦ No one thought the brash newcomer would be a threat to the established candidates, but he's turning out to be a real dark horse in this campaign. その傲慢な新人候補が他の定評のある候補者への脅威になるとは考えられなかったが, 選挙運動をする中, 彼は本物のダークホースになりつつある.

* You never can tell—some dark horse may come along and win a senate seat. 予断を許さない. ダースホースが現れて上院の議席を奪うかもしれない.

dark money やましい金, うさんくさい金

* The senator's campaign for re-election was aided by a number of shadow political action groups funded by dark money. その上院議員の再選キャンペーンは, いかがわしい資金に支えられた多くの陰の政治活動グループに支えられていた.

dark side of the moon 下院の少数党; 隠されたもの, 闇に覆われた部分

月面の影になっている部分, 不明な[えたいの知れない]部分, 情報が公開されていない部分[分野].

Dawes, Charles チャールズ・ドーズ

Charles Gates Dawes(1865–1951), クーリッジ政権の副大統領(共和党, 1925–29), オハイオ州出身.

dawk ハト派(dove)とタカ派(hawk)の中間派

dove+hawk を合成した語. 戦争には反対だが, 積極的に反戦活動はしない一派.

DEA ⇨ Drug Enforcement Administration

dead duck 死んだアヒル, 死に体

負けが決まったも同然の政治家. lame duck から(cf. lame duck).

dead-end/dead end (状況などの)手詰まり, 難局, 苦境

* dead-end bureaucratic politics 行き詰まった官僚政治.

dead heat 大接戦, デッドヒート

* The two candidates are running in a dead heat. 両候補者は大接戦を演じている.

dead on arrival/DOA 《be ～》(政府が提出した予算案などが)否決されることが始めからわかっている

(法案が)上院に到着すると同時に廃案になるという意味.

* The Republican leader in the House of Representatives

strongly opposed the bill raising taxes. "It's DOA—dead on arrival—and we won't consider it," he said. 共和党下院の院内総務は増税法案に強く反対し,「検討するまでもなく即廃案だ」と述べた.

dead president 札(さつ), お金; 故[死去した]大統領

[由来] 過去の大統領の肖像が印刷されていることから.

debriefing 任務報告

任務を終えた公務員や外交官などに機密情報を漏らさないよう求めること.

Declaration of Independence 《the ～》独立宣言

1776年7月4日, 第2回大陸会議(Continental Congress)で採択.

deep background ディープバックグラウンド

国務省など官公庁が新聞記者に情報を流す際, 問題の背景説明をする記者会見を, その情報を公開してもよいが情報の出所にはいっさい触れないか, 政府筋などと極力ぼかして記事を書くという条件で行うもの.

◆The campaign manager decided it was worth the risk to go on "deep background" with the reporter. 選挙運動のマネージャーは, 情報の出所は明かさないという条件でその記者に情報を流すのは, リスクはあってもそれなりの価値があると判断した.

deep-six [動] 闇に葬る, 却下する

もともとは海事用語で「水葬にする」という意味. ウォーターゲート事件以降, 特に所持していては都合の悪い書類などを処分するという意味で使われるようになった.

◆The legislators voted to deep-six that government program. 立法府議員はその政府案を却下する票を投じた.

Deep South 深南部

米国でもっとも南部的な特徴をもち, もっとも保守的と考えられてきた地域. アラバマ, ジョージア, ミシシッピー, サウスカ

ロライナ, ルイジアナの諸州を指す. 時にノースカロライナ州も含む.

Deep Throat／deep throat ディープ・スロート

特に政府の犯罪の情報を漏らす高官についていう. ウォーターゲート事件の内部告発者にマスコミが与えたあだ名.

Delaware デラウェア 《略》Del. (DE)

[人口] 約90万人(45位)　[面積] 6,447km^2(49位)　[加盟年] 1787年12月7日(1番目)　[州都] Dover(ドーバー)　[都市] Wilmington(ウィルミントン)　[モットー] Liberty and Independence(自由と独立)　[愛称] First State((連邦に加入し憲法を批准した)最初の州)　[選挙人] 3人(44位)　[人種構成] Ⓦ 63 Ⓑ 21.3 Ⓗ 9　[2016年] Ⓡ 42 Ⓓ 53　[2012年] Ⓡ 40 Ⓓ 59　[州議会] GA　[州上院] SN　[州下院] HR　[友好] 宮城県.

delegate 一般代議員

全国党大会など政党大会へ代表として派遣される. 州の人口に応じて決められる. delegate の一団を代議員団(delegation)という.

delegation 代議員団 (cf. delegate)

deliver 【動】期待にそむかない, (政治家が公約を)果たす, 守る

- This autumn the President has a major opportunity to deliver on his pledge. この秋は大統領にとって公約を果たす重要なチャンスだ.

demagogue 【名】民衆[群衆]の指導者→デマゴーグ;【動】(問題を)煽動的に扱う

しばしば煽動政治家の意で用いられる.

- A certain congressman was becoming something of a joke among liberal constituents for blatantly demagoguing so many issues. ある議員はあまりに多くの問題を煽動的に扱うので, リベラルな有権者の間ではちょっとした笑い物になっている.

Democrat 民主党員 《口語で Dems ともいう》

Democratic National Committee / DNC[1] 《the ～》民主党
全国委員会

選挙資金集めを最大の任務としている.

Democratic National Convention / DNC[2] 《the ～》民主党
全国大会

4年に1度,民主党が正副大統領の指名候補を選出するときに
開く大会.

Democratic Party 《the ～》民主党

二大政党の一つで,その起源は,反連邦主義者のトーマス・
ジェファソンにさかのぼる.現代の民主党は,ジェファソンの
民主共和党の後をうけて,ジャクソン大統領選挙期間の1828
年に正式に結成され,地方政治家を中心に大衆的な組織政党と
して強化されていった.フランクリン・ルーズベルト以来,特
に国内面では社会的,経済的改革,外交面では国際主義を主張
してきた.支持基盤は主として南部,組織労働者,黒人,マイノ
リティである.党の象徴: 色は青,動物はロバ(donkey). [由来]
ロバの由来は民主党から初代大統領となったジャクソンが,対
立候補からその名字Jacksonより「雄ロバ」(jackass)並みにま
ぬけ,と揶揄されたことから.

Democratic Senate Campaign Committee / DSCC
《the ～》民主党上院選挙対策委員会

Democratic Senate Conference 《the ～》民主党議員総会

院内総務が委員長を兼務.

Democratic Senate Policy Committee 《the ～》民主党上
院政策委員会

Democratic Steering and Outreach Committee 《the
～》民主党運営・アウトリーチ委員会

Democratic Steering and Policy Committee 《the ～》
民主党下院運営政策委員会

deniability 否認の可能性

大統領その他の政府高官が部下の不法活動について何も知ら

なかったと否認できる能力または権利．ウォーターゲート事件
に関して初めて使われた(cf. plausible deniability)．

department 省

議院内閣制の ministry(省)に相当する連邦政府の最高行政機
関．省は法律により設立され，各省の長は長官(Secretary)と呼
ばれる．ただし，司法省の長官は Attorney General と呼ばれ
る．

Department of Agriculture／DA 《the ～》農務省

1862 年に農業生産を支援する目的で設置された．農業収入向
上と維持に努め，農産物の海外市場の開発と拡大を支援する．

Department of Commerce 《the ～》商務省

貿易振興，産業育成，技術革新を趣旨として 1913 年に設置．長
官には慣例として実業家またはそれに準ずる人物が選ばれ，産
業界との協調が図られる．

Department of Defense／DOD 《the ～》国防(総)省

本部をペンタゴン(Pentagon)に置く，陸・海・空三軍を統括す
る省庁．軍事政策の立案やアメリカ軍の維持を任されている
(cf. Pentagon)．

Department of Education／ED 《the ～》教育省

カーター政権下の 1979 年に保健・教育・福祉省(HEW)から
分離独立．奨学金や，恵まれない学生，障害をもつ学生を支援
する制度，連邦教育支援制度の方針決定と管理を行う．

Department of Energy／DOE 《the ～》エネルギー省

カーター政権下の 1977 年に設置．1973 年の石油危機以降，重
要な政治課題となったエネルギーの安定供給について機動的
に対応するため，それまで各省にまたがっていた関連権限を統
合した．

Department of Health and Human Services／HHS
《the ～》保健福祉省

日本の旧厚生省に相当する．同省が運営するメディケア(Medi-
care)およびメディケイド(Medicaid)の両制度は，米国民のおよ

そ5人に1人に医療保険を提供している．また，世界有数の医療研究所である国立衛生研究所(NIH)を運営している (cf. Medicare; Medicaid).

Department of Homeland Security／DHS 《the 〜》国土安全保障省

2002年11月に設置された行政府で最も新しい省．テロリズムの防止，国境の警備・管理，出入国管理・税関業務，サイバーセキュリティ，防災・災害対策を担当している．

Department of Housing and Urban Development／HUD 《the 〜》住宅都市開発省

都市計画問題に総合的な対策を講じる目的で，ジョンソン政権下の1965年に設置された．地域社会の開発を援助し，国民に安価な住宅を提供するための各種制度を管理する．

Department of Justice 《the 〜》司法省

要請に応じて大統領および行政各省に法的な助言や意見を提供する．同省の主な機関には連邦捜査局(FBI)，移民帰化局(INS)，麻薬取締局(DEA)が含まれる．

Department of Labor 《the 〜》労働省

労働政策を策定する．賃金労働者の福祉を促進し，労働条件の改善を図り，労使の良好な関係を育成する．労働基準局，雇用・訓練局，労使関係局，労働統計局，労働安全衛生局(OSHA)などが置かれている．

Department of State 《the 〜》国務省

日本などの外務省に相当し，1789年設置の最も古い省の一つ．米国の外交政策を策定し大統領に助言する．外国との条約や協定の交渉を行い，国連その他の主要な国際機関で米国の立場を代弁する．

Department of the Interior／DOI 《the 〜》内務省

もともとは省に所属しない機関を統合し，総合的な国内行政を進める趣旨で1849年に設置されたが，その後多くの権限が新設の省などに移管し，現在では天然資源の管理責任と環境保全

が主たる任務となっている.

Department of the Treasury 《the ～》財務省

1789年設置の最も古い省の一つ. 金融・税制・財政政策を策定し, 政府の財政状況や国内経済について連邦議会と大統領に報告する責務を負う. そのほかに, 貨幣・紙幣の製造, 大統領・副大統領およびその家族, 訪米する貴賓を警護する特別警護局 (Secret Service)の運営を担当する.

Department of Transportation/DOT 《the ～》運輸省

ジョンソン政権下の1966年に設置. 連邦航空局(FAA), 連邦高速道路局を含む10の運営機関を通じて, 米国の総合的な運輸政策を確立している.

Department of Veteran's Affairs/VA[1] 《the ～》退役軍人省

退役軍人に関わる行政を所掌. 退役軍人とその家族および遺族に対する退役軍人給付プログラムを管理する責務を負う.

diehard 頑強な抵抗者; 頑迷な保守主義者

頑強に変化に抵抗する人. しばしば極端な保守主義者を評する際に使われる. また勝利の見込みが皆無になっても大義に忠節を尽くす人々にも用いられる.

♦ Even though it was clear that the governor had lost the election, a few diehards remained at the rally. たとえ知事が選挙に敗れたことが明らかになっても, 数名の頑固な保守主義者は陣営に留まっていた.

digital divide デジタルデバイド

インターネット利用者と非利用者の間に見られる情報格差.

diplomatic immunity 外交免除

外交官が任務遂行のため接受国で享有する特権のうち, 特に治外法権的な裁判権, 課税権からの免除を指す.

Director of National Intelligence/DNI 《the ～》国家情報長官

大統領と国家安全保障会議(NSC)の情報顧問. 中央情報局(CIA)や連邦捜査局(FBI)などの情報機関(intelligence community)を統括する閣僚級のポスト.

direct primary　直接予備選挙

公職選挙で政党の公認候補者名簿に載せる候補者を選出する選挙.

dirty laundry　外聞の悪いこと

♦ We know the leftist liberal media will look for ANY dirty laundry in that candidate's background.　左翼リベラルのメディアが, その候補者の過去の醜聞探しをするのは重々承知している.

dirty tricks　(選挙運動の妨害などを目的とした)不正工作

対立候補についてよからぬデマを流すなどの卑劣な手段についていう(cf. black advance).

disadvantaged　形 (差別によって)不利な立場にある, 社会的に恵まれない; 名《the ～》《名詞的に; 集合的に》恵まれない人々

人種差別によっていろいろな不利を受けてきた黒人, メキシコ系アメリカ人などマイノリティを形容する言葉.

♦ The popular congressman kicked off his reelection campaign by issuing a renewed pledge for the plight of the disadvantaged.　人気のあるその下院議員は, 恵まれない人々の窮状の打開を改めて誓約したうえで, 再選キャンペーンのスタートを切った.

discharge petition　委員会審査打ち切り請願

下院に法案を提出後, 審議されずに30日経過した場合, 法案に賛成の委員が委員会(committee)での審議の打ち切り請願を, 下院事務総長(clerk of the House)に提出することができる. 下院の過半数の署名があれば, 委員会での審査が打ち切られ本会議に上程される.

disenfranchise　動 (人から)公民権[選挙権, 公職就任権]を剥奪する; (地区から)連邦議会議員選出権を剥奪する

disenfranchisement　公民権[選挙権, 公職権, 特権](の)剥奪

District 《the 〜》〔くだけて〕首都ワシントン, コロンビア特別区
ワシントン D.C. に住み, 働く人がこう呼ぶ.

♦ Bernice had to get out of the District on weekends, just to escape the incessant political noise. 絶え間ない政治の雑音から解放されるために, バーニスは週末は首都ワシントンから脱出しなければならなかった.

divided government 分割政府
連邦政府の少なくとも一院の多数と大統領の所属政党が異なる状態をいう. 連邦議会議員と大統領は相互に独立した選挙で選ばれるので, 例外的な事態ではない.

♦ We will not solve these problems if we have another four years of divided government. 分割政府がさらに4年続く限り, これらの問題は解決されないであろう.

Dixiecrat ディキシークラット
州の権限を強調し, 民主党の公民権綱領に反対して民主党から脱退した南部の民主党離反派の人. 特に, 1948 年トルーマンが大統領候補となるのに反対した南部民主党員が民主党を脱退して州権民主党(States' Rights Democratic Party)を結成し, それを支持した南部の民主党員(Southern Democrat)を指す.

DNC ⇨ Democratic National Committee; Democratic National Convention

DOD ⇨ Department of Defense

dog-and-pony show 犬と仔馬の出る見世物；旅興行
侮蔑の意味合いで, 手の込んだ割につまらないプレゼンテーションなどの形容に使われる.

♦ The administration loved putting on a dog-and-pony show for every minor change of policy. その政権はどんな小さな政策変更でも殊更念入りにプレゼンテーションするのをよしとした.

dog whistle 犬笛的修辞法
一般大衆には気付かれないように, 賛同を得たい特定の集団にしか理解できない表現を用いる政治家のレトリック. 特定宗派

の信者しか知らない聖書の一節を引用するなどが代表例. dog whistle(犬笛)とは「特定の人たちだけが理解できる」の意.

♦ During his presidential election campaign, the candidate used anti-Semitic "dog whistles" as a way to appeal to his base of supporters. 大統領選挙運動の際, その候補者は中核となる支持者に訴えるべくひそかに反ユダヤ的メッセージを流した.

domestic president 内政重視の大統領
外交政策よりも国内政策を重視する大統領.

donkey ロバ
民主党のシンボル. 1874年の連邦議会選挙中にトーマス・ナスト(Thomas Nast)が描いた一連の政治漫画から使われるようになった(cf. Democratic Party).

do-nothing 形 無為無策の
● a weak, do-nothing government 脆弱で無為無策の政府.

"don't ask, don't tell" policy 「尋ねず, しゃべらず」政策
軍の内部で起きている同性愛問題を調査したり発言したりすることをしない政策. 1993年議会によって可決されたが, 連邦地裁は1995年3月, この政策は言論の自由を侵害するという判断を下した.

don't know 態度保留者, 浮動投票者
(世論調査で)「わからない」と答える人.

♦ Everyone knows it's the don't knows who decide the outcome of elections. 選挙の結果を左右するのは浮動票だということは誰でも知っている.

Don't waste your vote. 自分の投票を無駄にするな
党を割って出た候補などに自陣営の票が流れて, 結果的に敵陣を利することを防ぐために掲げるスローガン.

doorbell 名 動 (投票や寄付を求めての)戸別訪問(をする) (doorbell ringing)

door-knocking (投票依頼の)戸別訪問
戸別訪問をして票を募る(solicit votes)のはロビイストやボラ

ンティアの役目.

♦ In Iowa's presidential caucuses, it's not uncommon for volunteers to knock on thousands of doors to deliver their candidate's message. アイオワ州の大統領選コーカスでは, 候補者のメッセージを伝えるために, ボランティアが何千戸もの家のドアを叩くのは, 珍しいことではない.

dope story （ニュースの)解説記事

ニュースの分析や背景情報を含む記事で, 解説者のニュースに対する意見や将来予測などが含まれることもある. think piece ともいう(cf. think piece).

double dipper （年金と給料の)二重収入を得る人
double dipping （年金と給料の)二重取り

(特に, 退役軍人などが)二重稼ぎをする;恩給や年金を支給されながら政府機関で働いて給与を受け取る.

♦ The government permits double dipping in the case of military retirees. 退役軍人の場合, 政府は二重取りを許可している.

dove ハト派の人, 平和主義者

平和が国策だと主張する人を指す. peace dove ともいう.

dovish 形 ハト派の;平和を愛好する
down-ballot 形 立候補者リストで下位の

候補者リスト上, ふつう連邦議員候補の方が州議会議員候補より上にランクされる.

♦ Republicans were looking to refocus their efforts on a slate of down-ballot campaigns. 共和党は候補者リストの下位候補に重点を変えようとしていた.

downsize 動 行政組織の減量・効率化を行う
down-the-line 形 徹底的な

党の政策に忠実な(faithful to the party line)という意味.

• support the candidate down-the-line その候補者を最後まで支持する.

dream ticket 無敵コンビ，強力な組み合わせ

大統領候補と副大統領候補の理想的な組み合わせ．

♦ Considering how polarizing this election season has been, it's hard to imagine a dream ticket for either party. 今回の選挙における分極化を考慮すると，いずれの党も盤石の大統領・副大統領コンビを擁立できるとは想定しがたい．

drop-by 立ち寄り

DB と略称される．「ひょっこり立ち寄る」という意味で，いくつものパーティを手際よくこなす政治家のパーティ術を表している．

♦ I'll do a drop-by at that fundraiser and then go to the reception for the senator. あの献金者をちょっと訪ねて，その後レセプションに出ることにする．

drug czar 麻薬取締り対策責任者

麻薬問題担当長官，麻薬取締官の総元締め．

Drug Enforcement Administration／DEA 《the ～》麻薬取締局

drug war (麻薬撲滅のための)麻薬との戦い

dubya ダブヤ

第 43 代大統領ジョージ・ウォーカー・ブッシュ(George Walker Bush)のニックネーム．**由来** ミドルネームである Walker のイニシャル "W" のテキサスなまりの発音から，「ダブリュー」と発音するのが普通．

duck アヒル

lame duck の意味でも使われる(cf. lame duck)．

due process (of law) 正当な法の手続き

合衆国憲法修正第 5 条に明確に規定された句で，「何人も生命，自由又は財産を正当な法の手続きによらずに奪われない」ことを意味する

♦ Lawyers argued the President violated the due process of law when he ordered border guards to detain the children of immigrants who entered the country illegally. 大統領がこの国に不法入国した移民の子供たちを拘留するよう国境の警備に指示した事実は，正当な法の手続きを踏みにじっていると法律家は主張した．

dyed-in-the-wool 形 紡ぐ前に染めた→筋金入りの，生粋の

●a dyed-in-the-wool conservative 徹底した保守主義者．

E, e

eagle イーグル

ウォール街の共和党選挙運動献金者で, 特に大口献金者を指す.

early voting 期日前投票

多くの州では投票日の 4–5 日前から投票が受け付けられる. 33 州とコロンビア特別区では投票所に出向けば期日前投票の理由を述べなくとも投票可能(noexcuse voting). 3 州(オレゴン, ワシントン, コロラド)では期日前投票は郵送でのみとしている. 2016 年の大統領選挙での期日前投票率は 36.6 ％とのデータがある(cf. absentee ballot).

earmark イヤマーク

用途指定の助成金.

♦Since changes in the budgetary process took place, politicians have lost one of their favorite ways—earmarks—to fund special projects in their districts. 予算編成のプロセスが変更されてから, 政治家は自分の選挙区の特別なプロジェクトに充てられる助成金という有力な資金調達手段の一つを失ってしまった.

Eastern Establishment 《the 〜》東部の権力体制

ハーバード(Harvard), イェール(Yale), コロンビア(Columbia)などの東部エリート大学出身で米国の政財界の中枢を成す人脈. 東海岸主流派.

East Wing 《the 〜》イーストウィング

ホワイトハウスの東棟. ファーストレディのスタッフ執務室, 社交界など大勢の来客の玄関口として機能.

echo chamber 反響室効果

放送用語で演出上必要なエコー効果をつくり出す部屋, 同様の

機能をもつ電子装置. 転じてインターネット, 特に SNS の発達で自分と同じ意見にしか耳を傾けなくなる現象を指す.

- ◆ There is nothing like the ballot box to shatter the echo chamber. 自分と同じ意見にしか耳を貸さない風潮を打破するには, 実際に選挙で白黒つける以外ない.

eco-activist (急進的で政治的な)環境保護活動家

ecofreak 《侮蔑的に》熱狂的な環境保護主義者

econut ともいう.

edifice complex 《俗》(金のかかる)巨大建築志向, 偏向

政治家が税金を無駄遣いして必要以上に巨大な政府の建築物を造ろうとする傾向を皮肉った言葉. 由来 オイディプスコンプレクス(Oedipus complex)をもじったもので,『ニューヨークタイムズ』紙が 1946 年に最初に使ったとされる.

EEOC ⇨ Equal Employment Opportunity Commission

egghead 卵形の頭

《時として嘲笑的に》知識人, インテリ. 額の広い, 卵形をした頭は脳が大きく, 普通の人よりも頭がよいと一般に考えられていることから.

Eighteenth Amendment 憲法修正第 18 条

1919 年に成立した修正条文で, 飲料用アルコールの醸造, 販売, 運搬, 輸出入を合衆国内とすべての領土において禁止するというもの. 1933 年に成立した修正第 21 条により全文撤廃された.

800-pound gorilla / 600-pound gorilla 特大のゴリラ

抗しがたい影響力をもつ実力者.

- ◆ Not unlike the 800-pound gorilla, Trump seems to feel proud of his unpredictable political rampages. 800 ポンドのゴリラよろしく, トランプ氏は自身の予測不能な政治的暴挙を誇りに思っているようだ.

Eisenhower, Dwight ドワイト・アイゼンハワー

Dwight David Eisenhower(1890–1969), 第 34 代大統領(共和

党, 1953–61), テキサス州出身. ノルマンディ上陸作戦などに戦功を立てた大戦の英雄. その独特のパーソナリティからアイク(Ike)の愛称で親しまれた. 軍産複合体(military-industrial complex)を批判した大統領退任演説は有名(cf. military-industrial complex).

elder statesman／elder stateswoman （知識・経験の豊富な)長老政治家

elected official 選挙を経た公務員

Election Day／election day 総選挙日, 公職選挙日

4 で割り切れる年の 11 月の第 1 月曜日の次の火曜日. 大統領と副大統領の選挙人(elector)の選挙が行われる. 偶数年に 2 年年期の下院議員と 6 年年期の上院議員の 3 分の 1 が改選される.

electioneer 選挙運動員

electioneering 選挙運動

election irregularity 選挙違反

election returns 選挙の開票結果

elective office 選挙で選ばれた公職《大統領・州知事・連邦議員など》

各州の一般投票(popular vote)の結果をすでに反映している選挙人団によって形式的に行われる.

elector 選挙人

大統領選挙人団(electoral college)の一員.

electoral 形 選挙の; 選挙人の

• an electoral base 地盤.

electoral college 《the 〜》大統領選挙人団

11 月の一般有権者の投票(popular vote)で候補者への支持を託された各州の選挙人(elector)が, 12 月の第 2 水曜日の後の最初の月曜日に米国の大統領・副大統領を選出する. 各州 2 名の上院議員(100 名)と下院議員(現在 435 名)の合計議席(535 名)にコロンビア特別区(D.C.)の 3 名の選挙人を加え, 総数 538 の

選挙人が割り当てられる．大多数の州では，選挙人選挙で最大投票者数を獲得した党がその州全部の選挙人を獲得する《勝者総取り方式》．選挙人が誓約違反をして別の候補に投票することは違法ではないが，これまでそうした違反投票が選挙結果に影響を及ぼしたことはない(cf. winner-take-all system)．

electoral vote 選挙人票

正副大統領を選挙するために各州で選出された選挙人(elector)が大統領選挙後の 12 月に各州の州都で形式的に投じる票．11 月の一般投票(popular vote)と区別される(cf. popular vote)．

electronic vote 電子投票

elephant 象

共和党のシンボル．1874 の連邦議会選挙中に，トーマス・ナスト(Thomas Nast)が描いた一連の政治漫画から使われるようになった．

EMILY's list/Emily's List エミリーズ・リスト

[頭字語] Early Money Is Like Yeast(早く寄付した金はイースト菌のように大きくふくらむ)．1985 年設立．連邦や州の選挙で妊娠中絶権(pro-choice)を尊重する民主党派女性候補の資金援助をする PAC(政治行動委員会)．

empowerment 権限付与, 権限委譲

(これまで社会的に力をもたなかったグループや人物の)自立の力を強め，影響力を高めること．

● the empowerment of women 女性の社会的地位の向上．

enact [動] 法律(statute)を制定する

議会(legislature)で法律を可決する，法律化する．

endorsed candidate 公認候補

◆ The first to win more than 50 percent will be the party's endorsed candidate. 最初に 50 パーセント以上の票を得たものが党の公認候補となる．

enemies list 政敵リスト

どの政権も, たとえば政府関連行事に招いてはならない政敵 (persona non grata)の非公式リストを保有している.

enfranchised 形 公民権[参政権, 選挙権]が与えられた

engrossed bill 浄書法案

議会の一院を通過して浄書された法案. これを第三読会(third reading)にかける.

engrossment/engrossing 文書を浄書すること

通常, 法案(bill)の議決または捺印証書(deed)の署名に先立って行われる.

enrolled bill 登録法案

立法手続き上適格に提出され, たとえば米国議会の上院と下院を通過した最終法案で, 当該法律の内容を証明するものとして保管される.

entitlements (政府が行う社会保障などの)給付金制度

社会保障政策に基づく具体的な給付プログラム. 社会保障, メディケア(老人医療保険), メディケイド(医療扶助)のような連邦政府の事業計画によって, 資格対象の市民には一定の金額が支払われる.

♦ We have no choice but to cut entitlements. 我々には給付金の受給を削減する以外に選択肢がない.

Environmental Protection Agency/EPA 《the ～》環境保護局

envoy 外交使節, (特に)特命全権公使

EPA ⇨ Environmental Protection Agency

E Pluribus Unum 「多数からなる一つ」, エ・プルリブス・ウヌム

ラテン語で「多くの州の連合でできた一つの政府」を意味する. 米国の国璽(ド)および一部の硬貨の標語(one out of many).

Equal Employment Opportunity Commission/EEOC 《the ～》雇用機会均等委員会

政府内の独立機関(1964年創設). 雇用差別撤廃活動を行う(cf.

equal opportunity).

equal opportunity 機会均等

(雇用の)機会均等: 人種, 性別, 肌の色, 宗教, 年齢, 精神的・身体的障害, 出身国を理由に差別しないで人を雇う行為・政策.

equal protection of the law(s) 《the ～》法の平等な保護

憲法修正第 14 条に定められた, 同一の状況にある者は同一に扱わねばならないという原則.

Equal Rights Amendment / ERA 《the ～》男女平等憲法修正条項案

憲法に明確な条文がない男女平等権の保障を憲法修正条項として加えようとした案. 上下両院は 1972 年に可決したが, 憲法修正に必要な 50 州の 4 分の 3(38 州) の批准に 3 州足らず, 1982 年期限切れで廃案となった.

equal time 持ち時間の均等, 反論の機会

❶テレビやラジオの政見放送における均等時間割り当て. 一つの立場, 見解を取り上げる場合, 反論する側に平等に時間を割り当てること. ❷反対意見などに平等に反論する機会.

ERA ⇨ Equal Rights Amendment

errand boy 橋渡しに徹する議員

立法活動よりも, 地方有権者の口利き役として連邦政府官僚との橋渡しをすることに忙しい議員.

establishment / Establishment 《the ～》エスタブリッシュメント

一国の支配者グループ; 一国の権力構造, 既成の権力組織.

Ethics in Government Act 《the ～》政治倫理法

1978 年成立. 連邦議会議員や政府高官に対し資産・所得公開を義務付けるなどの内容を盛り込んだ法.

evangelical Protestant 福音派プロテスタント

evening lid 夕刻の報道規制

♦ At the White House, the moment at which no news is expected, the press can go home. On May 2, 1989, George H.

W. Bush personally announced the evening lid. 夕刻までにホワイトハウスからのニュースがないと想定される場合は，記者はすぐさま帰宅できる．1989年5月2日ジョージ・H・W・ブッシュ大統領自ら「夕刻の規制」を発表した．

excise tax 物品税

物品の製造・販売あるいは使用に課せられる税．米国では，物品税は一般に，連邦・州・地方レベルで酒やたばこなどの商品に課される．

executive branch 《the ～》行政府

Executive Mansion 《the ～》大統領官邸(the White House)；州知事官邸

Executive Office of the President 《the ～》大統領行政府

大統領または大統領補佐官直結の連邦機関．ホワイトハウス事務局・経済諮問委員会など．

executive order 行政命令, 大統領令

大統領が軍その他政府各省に発する行政命令．法律と同等の強制力がある．

♦ Donald Trump will have signed the most executive orders of any president in their first 100 days since World War II. ドナルド・トランプは第二次世界大戦以降就任した大統領中，就任後100日で最も多くの大統領令に署名した大統領ということになる．

executive privilege (機密保持に関する)大統領(行政)特権

大統領が自己の管理下にある情報・資料の公開を議会または裁判所によって求められた時，公開義務を免除される特権をいう．

executive session 議会[幹部議員]の会議

条約の批准，大統領による任命の承認などの行政案件を審議する上院などの幹部会議．通例非公開(closed meeting)．

♦ The committee met in executive session to discuss congressional pay raises. 委員会は幹部会議を開き，議員の給与引き

上げについて協議した.

exit poll 投票所出口調査

投票結果予測を速報するために, 投票所の出口で有権者に対して行う聞き取り調査[世論調査].

ex officio / ex-officio 形 職権上の, 職権による

- an ex-officio position 職権上の地位.

extremist 過激論者

eyeball-to-eyeball 形 非常に緊迫した, 一触即発の, にらみ合いの

国家間の対立, 戦争の可能性をはらんだ外交上の危機の形容. "face-to-face" 以上にお互いが接近してにらみ合っている様子から.

- eyeball-to-eyeball confrontation 双方とも譲らぬ対決.

F, f

Fairbanks, Charles チャールズ・フェアバンクス

Charles Warren Fairbanks(1852–1918), セオドア・ルーズベルト政権の副大統領(共和党, 1905–09), オハイオ州出身.

Fair Deal《the 〜》フェアディール

トルーマン大統領の1949年一般教書のテーマ. 全国民は政府から公正な扱い(fair deal)を受ける権利があると唱えた.

fairness doctrine《the 〜》公平, 公正原則

異なる見解を放送するため, 平等な機会を与えるよう放送事業者に義務づけたもの.

fake news フェイクニュース

根拠のない偽の情報・報道. 2016年の選挙ではソーシャルメディアなどを通じて広く拡散され, 有権者の意思決定に少なからぬ影響を及ぼしたとされる.

♦ That article came from a legitimate site, so you can't just dismiss it as fake news. その記事は正式なサイトからのもので, フェイクニュース並みに片づけてはならない.

family values 家族・家庭中心の価値観

家庭生活における米国の伝統的な価値観で, 家族の絆を守る源泉.

farm bloc 農業議員団

中西部の農業州から選出された民主・共和両党の連邦議会議員からなる集団.

fast track ファストトラック, 優先的に検討[承認]する手続き

政府が対外貿易交渉を行った結果として無修正一括承認を議会に求める権限.

fat cat 金持ちの有力者, (特権に浴する)金持ち

大口献金者, 政治家・政党への財政的援助者

♦ The voters were tired of all the fat cats running for political office. They wanted someone who understood the plight of the middle class. 金持ちがこぞって公職に立候補する流れに投票者は辟易している. 彼らは中産階級の窮状を理解する人物にこそ出馬してもらいたかったのだ.

faulty ballot 無効票

favorite son / favorite daughter 地元州出身の有名政治家

❶自分の生まれた州の選挙民や, 党幹部たちに気に入られている候補者(favorite-son [-daughter] candidate). ❷出身地の州にだけ人気のある候補者.

♦ The senator was the favorite son from Texas but he couldn't count on any other support in the Southwest. その上院議員はテキサス州では人気者だったが, 南西部の他州での支持は期待できなかった.

FBI ⇨ Federal Bureau of Investigation

FDR ⇨ Roosevelt, Franklin

FEC ⇨ Federal Election Commission

Federal Bureau of Investigation / FBI 《the ～》連邦捜査局［調査局］

連邦政府の一機関で, 長らく初代長官であるJ・エドガー・フーヴァー(John Edgar Hoover)に率いられていた. 誘拐, 麻薬の密輸, スパイ活動を含めて, 州警察では捜査権の及ばない連邦法に対する違反を調査する.

Federal Election Campaign Act of 1972 / FECA 《the ～》連邦選挙運動法

ウォーターゲート事件で明らかになった選挙の不正を根絶する目的で1972年に制定された法律(74, 76, 79年修正). 選挙運動費への支出を制限し公費助成を定めている.

Federal Election Commission / FEC 《the ～》連邦選挙管理委員会, 連邦選挙委員会

federalism 連邦制度, 連邦主義[体制], その政策

中央[連邦]政府とさまざまな地方政府との間で, 権力が分割される政治制度.

federalist 連邦主義者

Federal Register 《the ～》連邦官報

米国連邦政府による日刊公報紙.

Federal Reserve Bank / FRB 《the ～》米連邦準備理事会

連邦準備銀行制度による 12 の地域の銀行.

feedback (受け手の側からの)反応, 意見

♦ After proposing sweeping tax changes, the President's pollsters gathered the public's feedback and presented the results. 全面的な税制改正の提案後, 大統領から依頼された世論調査員はそれに対する一般国民のフィードバックを収集し, 結果を大統領に提出した.

feeding frenzy (記者などが)特ダネを求める熱狂状態

♦ When news about the bribes emerged, the television news crews surrounded the senator's house in a media feeding frenzy. 賄賂に関するニュースが飛び出し, テレビの取材班がその上院議員の自宅を取り巻き, 報道合戦がにわかに過熱した.

fellow traveler 同調者, (特に共産党の)シンパ

feminazi フェミナチ

急進的フェミニストを指す.

fence-mending (議員の)地盤固め

❶(政治家の)地盤固め, 選挙区へのテコ入れ. ❷国と国などの関係修復[改修] (cf. mend one's fences).

fence-sitter 形勢を見る人, 中立主義者, 日和見主義者

♦ In order to strengthen her political position, she continued to be a fence-sitter and did not participate in the bill's debate. 自らの政治的立場を強固なものとするため, 彼女は引き続き形勢を見守り, 法案の審議には加わらなかった.

fiefdom 領地; 支配の領域

(政治家などの)地盤.

♦ Corruption and nepotism are as rife as ever, with regional party leaders running their local fiefdoms like mafia godfathers. 汚職と親族登用主義が相変わらずはびこり, 地域の党指導者はマフィアのゴッドファーザーさながらの地盤固めをしている.

Fifteenth Amendment 《the 〜》憲法修正第 15 条

被告人が自己に不利益な証言をすることを強要されず, すでに裁かれて刑が確定した罪状のために再度裁かれないこと, および法の正当な手続きによらずに生命, 自由または財産を奪われないことを定めたもの. 1870 年成立.

Fifth Amendment 《the 〜》憲法修正第 5 条

犯罪の容疑者の権利を認めたもの. 1791 年成立. 黙秘権はこの修正箇条(以下)に基づいている. No person shall be compelled in any criminal case to be a witness against himself. (刑事訴訟で何人も自己に不利な証言を強制されない).

figurehead 名目上の党首

filibuster 議案通過妨害戦術, フィリバスター

上院で主として少数派が法案などの通過を阻止するための戦術. 反対派の議員が次々に長時間にわたる演説を行って, 多数派が譲歩して修正に応じたりすることや, 時間切れによる法案の撤回を狙う. 下院では議員一人の演説時間が制限されているためこの戦術はとれない. 議事妨害を終わらせるには, 討論終結(cloture)を待たなくてはならない. 由来 17 世紀に西インド諸島で横行した海賊を指したオランダ語の vrijbuiter(略奪者・海賊)から(cf. cloture).

♦ The bill failed because Republicans could not muster the two-thirds vote needed to end a filibuster and bring the bill to a vote. 共和党はフィリバスターを終わらせるのに必要な全体の 3 分の 2 の票を集められず, 法案の採決には至らなかった.

filibusterer 議事進行を妨害する人 (cf. filibuster)

◆ The all-time champion filibusterer is Republican Senator Strom Thurmond of South Carolina, who talked for more than twenty-four hours in the battle against a 1957 bill. 議事妨害の史上最長記録保持者はサウスカロライナ州選出のストロム・サーモンド上院議員(1902–2003)で，同氏は 1957 年，ある法案に異議を唱えて 24 時間以上演説し続けた．

fireside chat(s) 「炉辺談話」，大統領のラジオ・テレビ談話

大統領が打ち解けた調子で定期的に国民に語りかける番組で，第 32 代大統領フランクリン・ルーズベルトが定着させた《当時はラジオによる》．

firestorm （怒りの）激発，猛反対，抗議の嵐

 ● a firestorm of criticism　猛烈な批判．

fire wall / firewall 防火壁

（予備選挙で）ある候補が相手候補に圧勝して立候補を断念させる州[地域，選挙区]．

First Amendment 《the 〜》憲法修正第 1 条

信仰・言論・主義・思想等によって罰せられることがないことを保障した条項．権利章典(Bill of Rights)の一部として 1791 年に成立した．

First Amendment freedoms 《the 〜》憲法修正第 1 条の自由

信教の自由，言論出版の自由，集会・結社の自由を指す．

first family / First Family 《the 〜》大統領[州知事]一家

first hundred days 《the 〜》就任後 100 日

慣習的に就任後 100 日間で何をなし得たかで，新任大統領の最初の評価が下される．

 ◆ The new president announced the actions he intended to accomplish in the first hundred days of his administration.　新大統領は政権発足後最初の 100 日以内に達成を目論む行動計画を発表した．

First Lady 《the 〜》大統領[州知事]夫人 (cf. FLOTUS)

First Person President 《the 〜》第一人称大統領

オバマ大統領のスピーチには I, me, my, mine などの第一人称の単語が多く，こう呼ばれた．

first reading 《the 〜》第一読会

通例，名称と番号のみの形で議案を議会に提出する．

fishbowl 金魚鉢

政治家の行動が衆人環視のもとにあること．

◆ Being a politician these days means living in a fishbowl—You have absolutely no privacy. 今の時代に政治家であるのは金魚鉢に住んでいるようなものだ．プライバシーは全くない．

fishing expedition/fishing trip （情報の）探り出し，情報漁り

事件と関連性のないことについてまで尋問したり，文書その他を調べて情報を探りだすこと．

● be on a fishing expedition （人が）秘密情報を探りだそうとしている

◆ I do not regard a search for what appears to be very relevant information as a mere fishing expedition. 非常に関連性があるように思える情報収集であれば，「情報漁り」とは見なさない．

five percenter 5 分(*)の手数料をもらって役所関係の仕事を斡旋する人，（一般に）利権屋

flip-flop/flip flop 意見・政策などの急激な方向転換，反対意見などへの鞍替え

政治用語としては「議員が法案への賛否の態度を変更する」意味でしばしば用いられる．

◆ Yesterday, you were for raising taxes. Today, you're against. I've never seen a bigger flip-flop! 昨日は増税に賛成したかと思うと今日は反対だと言う．こんなに極端な方向転換は見たことがない．

floater 二重[不正]投票者

swing voter; floating voter の意味もある．

floating voter 浮動投票者

いかなる政党にも関わり合っていない投票者(cf. floater; swing voter).

♦ Preparing for the coming general election, the senator headed for a question-and-answer session with floating voters. 来るべき総選挙に備えて, その上院議員は浮動投票者との質疑応答会議に向かった.

floor 《the ～》❶議場, 議員席. ❷(議場にいる)議員. ❸(議員の)発言権. ❹演壇に対して聴衆席

• speak on the floor 本会議開催中に議事として発言する

• have the floor 発言を許される.

floor fight 委員会の場で意見の一致を見ずに決定を議場に委ねる事態のこと

floor leader (上院・下院での)政党の院内総務

上下両院において, それぞれの政党の活動を指導する立場にある議員. 多数党の院内総務が majority leader, 少数党の院内総務が minority leader.

Florida フロリダ 《略》Fla. (FL)

人口 約1905万人(4位) 面積 170,304km^2(22位) 加盟年 1845年3月3日(27番目) 州都 Tallahassee(タラハシー) 都市 Jacksonville(ジャクソンビル) モットー In God We Trust(われら神を信ず) 愛称 Sunshine State(陽光あふれる州) 選挙人 29人(3位) 人種構成 W 54.9 B 15.4 H 24.7 2016年 R 49 D 47 2012年 R 49 D 50 州議会 L 州上院 SN 州下院 HR 友好 和歌山県.

FLOTUS 《the ～》《俗》大統領夫人

頭字語 First Lady of the United States(cf. POTUS).

focus group フォーカスグループ

候補者が選挙争点を磨き上げるため, 問題点を非公式な形で徹底的に議論させる6–12人くらいのグループ.

Foggy Bottom 「霧のかかった底地」

国務省の別称. この省の建物はワシントン D.C. の旧湿地帯に

建てられたが，その地区は沼地からたち上がる水蒸気のため，
「霧のかかった低地」として知られていた．しばしばその公式声
明や政策がもうろうとしている(foggy)ことを指して，ユーモラ
スに，またあざけって用いられる．

♦ The Foggy Bottom rumor mill reports that another man is
being considered for the job. 国務省のゴシップ通は，そのポ
ストには別の候補者が考慮されていると報じている．

Foley Square フォーリー広場；FBI(連邦捜査局)の別称

ニューヨーク市マンハッタンにある広場．FBI 東部支部の所在
地．

food stamp (低所得者向けの)食糧購入補助制度

foot-in-mouth disease / foot-in-mouth habit 失言癖

● his chronic foot-in-mouth habits へまなことを言う彼の慢性
の癖．

Ford, Gerald ジェラルド・フォード

Gerald Rudolph Ford, Jr.(1913–2006)，第 38 代大統領(共和党，
1974–77)，ニクソン政権の副大統領(1973–74)，ネブラスカ州
出身．当時の大統領であったニクソンの辞任により，その後継
として副大統領から大統領に就任した．インフレ・失業対策に
取り組んだが，議会との対立により目立った成果をあげられな
かった．

Foreign Relations Committee 外交委員会

外交政策の運営を監督する責任をもつ上院委員会．

Foreign Service 国務省外交局

世界中の米国大使館や領事館に外交官を派遣する行政部門の
専門職部局．大使は正式には外交局のメンバーであるが，大統
領の友人たちが任命されることがある．

Founding Fathers 建国の父祖

独立戦争を勝ちぬき，初めての Confederation (州連合，1787
年)を達成した主役たちをいう．

Four Freedoms / four freedoms 《the 〜》ルーズベルト大

統領の 4 つの自由の演説

フランクリン・ルーズベルト大統領が 1941 年 1 月 6 日に第 77 回合衆国議会の演説で, 世界中のどこにおいても人類が享受すべき自由として掲げたもので,「言論の自由」「信教の自由」「欠乏からの自由」「恐怖からの自由」を指す. 最後の二つは伝統的な「自由」の概念を越えるもので, アメリカが目指すべき自由主義に基づく世界像を明確にしたものとされる (cf. Roosevelt, Franklin).

Fourteenth Amendment 《the 〜》憲法修正第 14 条

私有財産の不法な捜索・押収を禁ずる条項. 1868 年成立.

Fourth Estate 《the 〜》第四階級, 言論界, ジャーナリズムの別名

19 世紀中ごろから新聞を第四の勢力と見るようになった. 行政, 立法, 司法の三権に次ぐものという見方だが, 現在はマスコミを皮肉ったりするときに使われることが多い古臭い言葉.

♦ All the three branches of government will fear the fourth estate. 国の三部門はいずれも第四の部門, 即ちジャーナリズムを恐れることだろう.

framer 組み立てる人, 構成者, 立案者, 起草者

● the framers of U.S. Constitution 合衆国憲法の起草者.

franchise 選挙権; 支配権, 管轄権

投票する権利. 女性は 1920 年の憲法修正第 19 条の批准まで, 連邦選挙での投票権を保障されていなかった. 1971 年に憲法修正第 26 条で投票年齢が 21 歳から 18 歳に引き下げられた.

♦ These men had an exclusive franchise on foreign policy. こういう人々が, 外交政策に独占的な支配権を握っていた.

franking privilege 《the 〜》郵便物無料送達特権

連邦議員に与えられている公用郵便物を無料扱いにできる特権.

FRB ⇨ Federal Reserve Bank

freedom ride／Freedom Ride フリーダムライド

1961 年公民権運動家が米国南部の諸都市を，バスの人種別席撤廃を求めて展開した抗議活動．

free ride タダ乗り

政治家が現在のポストを放棄することのないまま高位のポストを目指して出馬すること．

free vote 自由投票

党の決定に縛られない投票のこと．

freshman 連邦議会議員一年生

Friday news dump 金曜ニュースの投棄

ホワイトハウスや国防(総)省などが，メディアの執拗な追及を避けるべく好ましくないニュースを金曜日午後に流す傾向があり，メディアがそれをこう呼んだ．

fringe 非主流派, 過激派

fringe party 泡沫政党, 極小政党

frog hair 《俗》政治資金, 政治献金

front porch campaign フロントポーチ・キャンペーン

遊説はせず地元(家々の玄関先)主体に運動するやり方．

front porcher フロントポーチャー

候補者が本拠地から離れずに行う選挙運動．

front runner 先頭走者, 先頭馬

先頭を走る候補者

♦No candidate wants to be an early front runner because that spot is an easy target for criticism. どの候補者も早々と先頭に立ちたくはない．批判の対象になりやすいからだ．

Frostbelt 《the 〜》フロストベルト

米国北部中央部と北東部の降霜・寒冷地域(cf. Sunbelt)．

Fudge Factory ファッジ工場

国務省の俗称．ジョン・フランクリン・キャンベル(John Franklin Campbell)著 *The Foreign Affairs Fudge Factory* (1971 年)から．fudge は「その場しのぎ」の意．

full-court press 総攻撃, 猛攻撃

バスケットボール用語.「コート全面で相手チームに強い圧力をかけて攻撃を防ぐ作戦」から.

- Congressional leaders put on a full-court press in an effort to get the bill passed. 議会の指導者たちはその法案を通過させるべく総力を挙げた.

fundamentalism 根本主義

近代主義(modernism)に反発して20世紀の初期に起こった米国のプロテスタント内の運動.

fundie 《話》根本主義者, 原理主義者

キリスト教根本主義者(fundamentalist).

fund-raiser 献金調達[募集]者;資金調達のためのパーティ

raise funds(資金を集める)を名詞化した表現. 政党, 非営利団体, 大学などにおいて, 寄付金を募る活動の実務を担当する人を指していう場合もあれば, 知名度や影響力を生かしてお金を集める政党や団体の代表者のことをいう場合もある. いずれの場合も, fund-raiser は正式な肩書ではなく, 呼称でしかない.

- In American politics, fund-raisers play a crucial role in helping candidates win elections. 米国の政治では, 候補者の選挙における勝利を支援する資金調達者が重大な役割を果たす.

fund-raising party 選挙資金など政治資金調達のためのパーティ

- The congressman cut short his vacation to participate in several fund raising parties and events. その議員は休暇を早めに切り上げて, 幾つかの寄付金集めのパーティやイベントに参加した.

funny money にせ金

いかがわしい金(特に政治資金など).

- They deny having anything to do with the funny money contributed to the campaign. 彼らは選挙運動に寄せられたいかがわしい寄付金には一切絡んでいないと否定している.

fusion (政党・党派などの)連合, 合同, 提携

■ 大統領選挙人の人数

各州の選挙人の数は，それぞれに割り当てられた連邦議会議員の数と同数．上院の数は各州2人だが，下院の数は国勢調査に基づき州民の数に応じて各州に割り当てられる．ワシントンDCの3人を入れて総数は538人となる(人数は2020年現在).

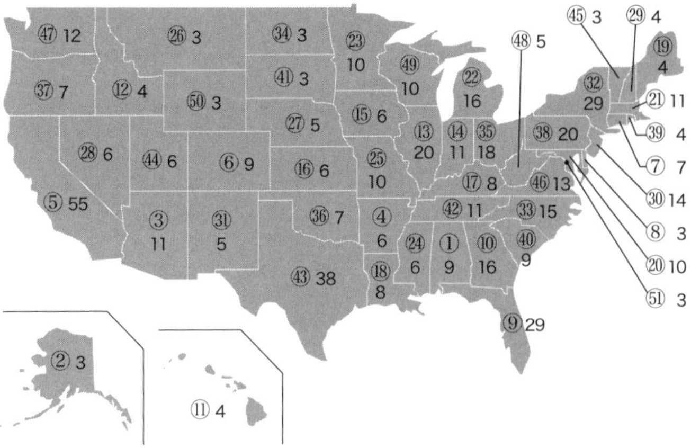

① Alabama
② Alaska
③ Arizona
④ Arkansas
⑤ California
⑥ Colorado
⑦ Connecticut
⑧ Delaware
⑨ Florida
⑩ Georgia
⑪ Hawaii
⑫ Idaho
⑬ Illinois
⑭ Indiana
⑮ Iowa
⑯ Kansas
⑰ Kentucky
⑱ Louisiana
⑲ Maine
⑳ Maryland
㉑ Massachusetts
㉒ Michigan
㉓ Minnesota
㉔ Mississippi
㉕ Missouri
㉖ Montana
㉗ Nebraska
㉘ Nevada
㉙ New Hampshire
㉚ New Jersey
㉛ New Mexico
㉜ New York
㉝ North Carolina
㉞ North Dakota
㉟ Ohio
㊱ Oklahoma
㊲ Oregon
㊳ Pennsylvania
㊴ Rhode Island
㊵ South Carolina
㊶ South Dakota
㊷ Tennessee
㊸ Texas
㊹ Utah
㊺ Vermont
㊻ Virginia
㊼ Washington
㊽ West Virginia
㊾ Wisconsin
㊿ Wyoming
(51) Washington, D.C.

G, g

gadfly アブ→うるさく他人を批判する人
  いい気になっている他人を冷かして批判する人.
- a political gadfly　うるさ型の政治家
- It still remains to be seen whether the senator will be just a gadfly or a real threat to the president.　その上院議員が単なるうるさ型の政治家なのか, それとも大統領にとって真の脅威となるのかはまだ見通せない.

gaffe (特に社交・外交上の)失敗, 失策, 失態

gag (議会)の討論終結

gag law / gag rule 討議禁止規則
  議会で特定問題について討議することを禁止もしくは制限する規則.
- Feminists and medical professionals were outraged at the Administration's gag rule on abortion, as they felt it violated a patient's right to know all possible medical options.　フェミニストや医療の専門家は, 政府が人工中絶に関する議論に制限を加えたことに激怒した. それによって考え得るすべての医療の選択肢を知る患者の権利が侵害されたためだ.

gag order (裁判所の)発表禁止命令; かん口令

gallery 《the ～》(議会などの)傍聴席, 《集合的に》傍聴人
- play to the gallery　俗受けを狙う, 大衆におもねる.

Gallup poll ギャラップ調査
  ジョージ・ギャラップ(George Gallup)が開発した標本抽出方式による初の世論調査.

game plan 作戦計画
  元来はアメリカン・フットボール用語. ウォーターゲート事件

に関わったニクソン大統領周辺の者は，この語を政治的意味で
よく使った．

GAO ⇨ Government Accountability Office

Garner, John ジョン・ガーナー

John Nance Garner(1868–1967)，フランクリン・ルーズベルト
政権の副大統領(民主党, 1933–41)，テキサス州出身．

gavel 图 (議長・競売者などの)小槌; 動 小槌の合図で(議会な
どを)開会する

gavel-to-gavel 開会から閉会までの

- Freshmen in Congress stayed throughout the hearings, gav-
el-to-gavel, for fear of missing important testimonies or ap-
pearing irresponsible. 議会の新人議員は，重要な証言を聞き
逃したり無責任と見られたりしないように，開会から閉会まで
公聴会に終始詰めていた．

General Assembly / General Court 《the ～》州議会

Georgia ジョージア ((略))Ga. (GA)

(人口) 約981万人(9位)　(面積) 153,909km^2(24位)　(加盟年) 1788
年1月2日(4番目)　(州都) Atlanta(アトランタ)　(モットー) Wisdom,
Justice, Moderation(英知, 正義, そして中庸)　(愛称) Peach
State(モモの州); Empire State of South(南部の帝王州)　(大統領)
カーター(39代)　(選挙人) 16人(8位)　(人種構成) Ⓦ 53.6 Ⓑ 30.9 Ⓗ
9.3　(2016年) Ⓡ 51 Ⓓ 46　(2012年) Ⓡ 53 Ⓓ 45　(州議会) GA　(州上院) SN
(州下院) HR　(友好) 鹿児島県．

Georgia Mafia 《the ～》ジョージアマフィア

カーター大統領と同じジョージア(Georgia)州出身の大統領の
側近たち．

germane 形 密接な関係がある

relevant の類語．特に質問などの関連性について触れる際に用
いられる．

- The argument is not germane to the motion. その主張は動議
と無関係だ．

gerrymander ゲリマンダー, 勝手な選挙区改定

自党に有利なように法定選挙区を不自然な形に改変すること. 由来 1812 年にマサチューセッツ州知事ゲリー(E. Gerry)が自分に有利になるように決めた選挙区の形が火トカゲ(salamander)に似ていたことから. gerry+salamander を合成した語.

get one's hands dirty 不正に関与する, 手を汚す

- He has never gotten his hands dirty with political intrigues.
  彼は政治的陰謀で名を汚したことがない.

get out the vote / GOTV 有権者を投票に駆り出す

- With voter turnout a primary key to election success, the candidate employed a number of methods to get out the vote.
  投票率が選挙で勝利するための最大の鍵であるから, その候補者はあの手この手で有権者に投票を促した.

glass ceiling ガラスの天井

目に見えない障害. 男女平等により, 能力や経験のある女性はどんな職業や地位にも就けるとされながら, 現実には目に見えない形で受ける差別や制限のこと. 女性に限らず人種的偏見に基づく場合にも使うことがある.

- No woman has been elected President of the United States. Is this the ultimate glass ceiling? 女性が米国大統領に選ばれたことはない. これこそ究極のガラスの天井なのか.

glittering generalities (政治家・広告などの)常套句, 美辞麗句

G-man Government man の略. ❶官吏(government official). ❷堅実な政府支持者. ❸ ジーメン: FBI(連邦捜査局)所属の直接犯罪捜査官

gobbledygook / gobbledegook ややこしい, 不明瞭な言い方

由来 1944 年に州下院議員モーリー・マーベリック(Maury Maverick)が, 役所の文書のまわりくどい表現にいらだ ってつくった言葉. 七面鳥の鳴き声を表したもの.

God Squad 《the ～》《集合的に》布教活動に熱心なキリスト教徒

(特に福音派キリスト教の)教団(の信徒)；大学構内で活動する宗教家《福音派は米人口の 25％を占める》.

go negative 中傷作戦を展開する

対立候補の弱点などを暴露して非難する中傷広告を行う.

♦ Senator Dogood's handlers finally convinced him that it was time to go negative on his opponent or risk losing the election. ドゥーグッド上院議員の側近は, 対立候補のネガティブキャンペーンを展開すべき時期だ, さもなくば落選するリスクがあると進言し, 議員はようやく納得した.

go nuclear 核武装する→核オプション(最終手段)をとる

規則変更をしてまでも, 自分たちの意見を通すこと.

good offices あっせん, 周旋

♦ He used his good offices in bringing the two sides back to the negotiating table. 彼は両者を交渉の場に戻すために手を尽くした.

good old [ole] boys ❶(南部の白人に多い)お人よし, 好人物, 気さくな人. ❷団結した仲間の一員

good old boysm 仲間びいき

goo-goo 政治改革運動家[提唱者](do-gooder)

[由来] good government(かくあるべき政府)から.

GOP 共和党

Grand Old Party の略で, 共和党の愛称.

GOPAC 共和党政治活動委員会

Goper 《俗》共和党員

Gore, Al アル・ゴア

Albert Arnold Gore, Jr.(1948–), クリントン政権の副大統領(民主党, 1993–2001), ワシントン D.C. 出身, 2007 年にノーベル平和賞を受賞.

go the distance 最後までやり通す

本来はスポーツ用語.

♦ Can the candidate go the distance, or will her campaign run

out of money first? その候補は最後まで選挙戦を戦えるのだ
ろうか, それとも運動資金が真っ先に底を突いてしまうのだろ
うか.

governance 企業統治

Government Accountability Office / GAO 《the 〜》会計
検査院
議会および政府の省や機関を補佐し, 連邦政府の収支決算を確
定する超党派の機関.

governmental money 政府資金
public money; taxpayers' money ともいう.

government instrumentality [immunity] doctrine 政
府機関非課税原則
政府の運営する事業体は課税を免除されるとする法律上の規
則.

government man ⇨ G-man

grade creep (公務員の)自動的昇進, 年功による昇格
栄転などによるのではなく, 個人の職位を上げることによる昇
進.

graft 特に政治がらみの汚職, 収賄

grandfather clause 祖父条項
南北戦争以前から祖父又は父親が選挙権をもっていた人のみ
に選挙権を与える南部州の法律. 1915 年失効.

grand jury 大陪審, 起訴陪審
大陪審は犯罪の告訴状(complaint または accusation)を受け,
告訴側の予備証拠を審理し, 正式起訴(indictment)の如何を決
める. 正式に起訴されると被告は裁判に出なければならない.

grant-in-aid 補給金, 無償援助
連邦政府または財団が公共事業に充てるため州政府, 市, 企業
に支給する一定の助成金.

grassroot(s) 形 草の根の, 民衆に根差した[関する], 民衆の;
根本的な; 民衆の間から自発的に盛り上がった

grass roots　《集合的に》一般の人々，「草の根」，（一般の）有権者

gray ghost　連邦議会議員の参謀役，筆頭秘書

graymail　グレーメール

政府在職者が訴追された場合，機密暴露をほのめかして被疑者が脅迫すること．gray（違法に近い）＋blackmail（ゆする，脅迫する）からつくった nonce word（臨時語）．

gray vote　高齢者票

高齢者の投票率はより若い層に比べて高い傾向があり，重要な投票者層（a voting bloc）を成している．特に年金など社会保障（social security）分野に対する関心が，投票所に足を運ぶ動機であるとされる．

Great Communicator　《the ～》偉大なコミュニケーター

レーガン大統領のニックネーム．雄弁とテレビ映りのよさで知られた．

Great Compromise　《the ～》偉大なる妥協

建国当初，人口の多い州と少ない州の間で生まれる利害対立を調整するために，コネチカット州の提案により州の人口・面積などに関係なく上院は各州一律2名となった．この策が Great Compromise と呼ばれる．

Great Society　偉大な社会

ジョンソン大統領が提起した社会福祉計画（1965年）．教育改革，貧困の追放（War on Poverty）などの実現を目指した．

Great White Father　《the ～》米国大統領，権力者

（アメリカインディアンがいう）米国大統領；大権力者．

Green Book　《the ～》グリーンブック，政府刊行物，緑表紙の本

下院歳入委員会が毎年発行している米国の社会保障費に関する詳細な分析書．

greenie　《話》環境保護論者

green politics　グリーン・ポリティックス

環境保全を指向する政治．

green state 環境にやさしい州

- ◆While campaigning in liberal green states, the presidential hopeful highlighted plans to cut the country's dependence on oil and coal. リベラルで環境にやさしい諸州の遊説中, 大統領選の有力候補は, アメリカが石油や石炭への依存を引き下げる自分の計画を強調した.

gridlock (都市の交差点での)交通渋滞, 行き詰まり状態, 立ち往生→(議論などの)手詰まり状態

grid(格子板など基盤状のもの)+lock(鍵や車止めなどを固定するもの)を合成した語.

- ●gridlock Congress 膠着した議会
- ●political gridlock 政治的膠着状態
- ◆Ross Perot pledged to clear up the legislative gridlock that had stalled the government for years. ロス・ペローは長年政府の機能を停滞させてきた立法府の手詰まり状態の解決を約束した.

grip-and-grin 形 (カメラ向けの)作り笑顔の, 外交辞令としての

首脳や政治家同士が, 式典や報道価値のあるイベントで握手を交わしカメラに向かって作り笑顔を振りまくシーン. grip は「手を握る」, grin は「微笑む」の意.

ground game ドブ板選挙活動

groundswell 政治世論の高まり, 盛り上がり

- ◆Some Democrats had hoped his testimony would lead to a fresh groundswell of support to begin impeachment proceedings. 一部の民主党員は, 彼の証言が弾劾手続きを始める世論の新たな盛り上がりにつながると期待していた.

Gucci Gulch グッチガルチ

上院 219 号室前の廊下, 下院歳入委員会室の外の廊下；ロビイストのたまり場, 《軽蔑的に》院外圧力団体.

guerilla politics ゲリラ政治

対立候補の発言妨害やネガティブキャンペーンなど意に介さない，ひたすらゲリラ的な政治姿勢．

- There's not a lot of time or money available for a normal campaign. We'll have to resort to guerrilla politics to gain ground. 正規の選挙運動をしている時間的・資金的な余裕は我々にはない．優勢に転じるためにはゲリラ政治に訴えざるを得ないだろう．
- No matter what happens in November, the guerilla politics pioneered by Trump are here to stay. 11月の選挙の結果がどうであれ，トランプ氏がパイオニアとなったゲリラ政治が今や日常化している．

gut factor　直観力

- All three candidates appear ideal for the position, so we'll have to rely on our gut factor when we make our choice. 3人はいずれも理想的な候補に思えるので，最終的な選択は我々の直観力に頼らざるを得ないだろう．

gut issue　選挙戦の争点

理性的議論に止まらず，有権者の感情や本能的な反応に訴える選挙戦の争点．

gutter politics　泥仕合の選挙戦，どぶ政治

汚い手を使っても選挙戦で勝とうとすること．

- Unable to gain traction among voters by talking about his record, the congressman turned to gutter politics, discussing his opponent's many failed marriages. 自分の実績を並べても投票者の気を引けないと判断したその下院議員は，対立候補の結婚失敗歴を話題にするなど泥仕合選挙に転じた．

Gypsy Moth / gypsy moth　マイマイガ

共和党を食い荒らすガという意味で，リベラル政策支持の北部共和党議員を指す(cf. Boll Weevil)．

- The congresswoman was known as a pesky Gypsy Moth as she would not toe the line with her more conservative col-

leagues on the committee. その女性議員は，委員会で自分よ
り保守的な同僚の意見には従おうとしない厄介な「マイマイガ」
として知られた．

H, h

haggle 動 (人と)論争する

- The senators haggled interminably over the proposed economic stimulus bill. 上院議員たちは上程された景気刺激策議案を巡って，果てしなく議論を続けた.

Hail to the Chief 大統領賛歌

大統領登場の際に演奏される.

handler 調教師

選挙で候補者を操るコミュニケーションを担当する側近. 原義は動物の調教師.

- The candidate's handlers were slick and managed to put the best face on her many flaws. その候補者の側近は巧妙な手口で，彼女の数ある欠点隠しをやってのけた.

handout 施しもの；給付金

貧窮者に与える食物・衣類・金銭など，施しもののような給付金. 軽蔑的なニュアンスがある.

- A pundit said, "Food stamps, etc. are just a handout to lazy people who don't want to work." 「フードスタンプなどは働きたくない怠け者に施しものをするようなものだ」とある論者は述べた.

hand recount 手作業による再集計

hands-off 形 傍観主義的な

- The conservatives prefer to see the department take a hands-off approach to the labor dispute. その部局が労働争議に関し傍観主義的な姿勢をとることを保守主義者は望んでいる.

hands-on 形 直接実務にたずさわる, 陣頭指揮をとる

◆ The President was praised for his hands-on efforts to convince the public of the need for the tax increase. 国民に増税の必要性を納得させるのに，自らが陣頭指揮をとる大統領は称賛された．

hang tough （目的のためには手段を選ばない）強硬姿勢を表す

◆ The White House is hanging tough for the agreement they proposed. ホワイトハウスは自らが提案した合意を目指して強硬姿勢を見せている．

happy warrior 困難[反対]に屈しない人，不撓不屈の人

より高い地位の公職の候補に指名はされるが，最終的には選ばれない政治家．

◆ The other party's candidate is so strong that we need to nominate a happy warrior who can gracefully shoulder the disappointments we may face. 他党の候補はあまりに強力なので，残念な結果に終わっても結果を潔く受け止めてくれる人物をわが党としては候補に指名する必要がある．

hardball 厳しいやり方，真剣勝負

（政治・ビジネスなどでの）強引な駆け引き，強硬な政治姿勢．

• play hardball 真剣勝負の意気込みで強引にやる

◆ Politics can be downright dirty. To succeed in Washington you have to play hardball. 政治はとことん汚くなり得る．ワシントンで成功するには目的に向かって真剣勝負でやるしかない．

hard hat 保安帽→建設労働者；率直な保守主義者[反動家]

特に反対意見の抑圧を良いと信ずる人．

Harding, Warren ウォーレン・ハーディング

Warren Gamaliel Harding(1865–1923)，第29代大統領(共和党，1921–23)，オハイオ州出身．1923年の急死後，側近および私生活に絡んだ多くのスキャンダルが発覚した．

hard line 強硬路線

特に政治における態度[政策]への頑固な固執(cf. soft line)．

hard-liner 強硬主義者, 強硬論者, 強硬派, 信条を曲げない人

hard money ハードマネー

選挙運動に際して候補者のもとに直接寄せられる活動資金(cf. soft money).

Hatch Act 《the ～》ハッチ法

カール・ハッチ(Carl A. Hatch, 1889–1963)上院議員が提出し, 1939 年に成立した政治資金規制などに関する法案. 連邦議員が政治活動にたずさわることを禁じ, 選挙運動献金や資金に制限を設けた.

hatchet job 悪罵, 誹謗, 中傷; 従業員の首切り

特にメディアを通じて行う激しい批判・個人攻撃.

- do a hatchet job on ... …をこきおろす.

hatchet man 殺し屋→こき下ろし屋

ライバルなどを攻撃するために雇われた人; 中傷記事を書く批評家(scandalmonger).

- The campaign's hatchet man regularly leaked rumors about the candidate's opponents. 選挙運動で敵をつぶす役割の「こき下ろし屋」は, 定期的に対立候補者のうわさを流した.

hat in the ring 選挙への立候補

選挙告示の直前に出馬[立候補]する. 由来 ボクシングで相手の挑戦を受け入れた印に, 帽子をリングに投げ入れた(throw [fling, toss, have] one's hat in [into] the ring)ことから.

- With 21 candidates, it appeared the Democratic presidential field was set. But a former governor threw his hat into the ring. 21 人の候補者が揃い, 民主党の大統領候補選出の舞台は整ったように思われたが, 前知事が突如立候補を表明した.

Hawaii ハワイ 《略》Haw. (HI)

人口 約 137 万人(40 位)　面積 28,311km^2(43 位)　加盟年 1959 年 8 月 21 日(50 番目)　州都 Honolulu(ホノルル)　モットー (ハワイ語)Ua mau ke ea o ka aina i ka pono (The life of the land is perpetuated by righteousness; この地の生命は正義のうちに

全うされる）〔愛称〕Aloha State(アロハ州); Paradise of Pacific
(太平洋の楽園)　〔大統領〕　オバマ(44代)　〔選挙人〕 4 人(39位)
〔人種構成〕Ⓦ 22.2 Ⓑ 1.7 Ⓗ 10.2　〔2016年〕Ⓡ 30 Ⓓ 62　〔2012年〕Ⓡ 28 Ⓓ
71　〔州議会〕L　〔州上院〕SN　〔州下院〕HR　〔友好〕愛媛県, 沖縄県, 福岡
県, 広島県, 北海道.

hawk タカ派, 強硬論者

上空から地上めがけて急降下し, 情容赦なく獲物をつかむ. タ
カのこの特性からタカ派(好戦論者)の意味が生まれた.

hawkish 〔形〕武力解決主義の, タカ派の

一般的には, タカ派は強力な軍事力に基づく好戦的な外交政策
を擁護する人々で, ハト派は力による威嚇をせずに国際紛争を
解決しようとする.

♦ A few Republicans objected to Nixon's hawkishness regard-
ing the bombing in Vietnam. ベトナム戦争での空爆に関し共
和党員の何名かはニクソンの武力主義に異論を唱えた.

head count 人数, 頭数; 人口調査

● a head count of senators opposing the bill 法案に反対する上
院議員の人数.

head-counter 世論調査員

headline-grabbing 〔形〕一大ニュースになるような, 大々的に
報じられる

● important headline-grabbing news 大々的に報じられる重大
ニュース.

hearing / committee hearing 公聴会

連邦議会の委員会が, 法案の審議や調査に必要な専門家や行政
官の意見を聞くために開催する.

heartbeat away from something 《a 〜》きわめて近い, す
ぐそこ

(心臓の音が聞こえるほど)…のごく近くに(very close to)

♦ The vice president is a heartbeat away from the presidency.
副大統領が大統領になるのは時間の問題だ.

heartland 《the 〜》ハートランド

米国の保守的で伝統的な価値観が支配的な地域. 政治学的には大洋(大西洋, 太平洋)に接しない諸州(25 州)を指すといわれているが, 一般的にはアメリカの心臓部たる中西部(Midwest)のイリノイ, インディアナ, アイオワ, カンザス, ミシガン, ミズーリ, オハイオ, ネブラスカ, ノースダコタ, サウスダコタ, ウィスコンシンの諸州を指す(cf. Midwest).

♦ I am always pleased to be here in this great heartland of America. 偉大なアメリカのハートランドであるこの地を訪れるのをいつでも嬉しく存じます《ニクソン大統領が 1971 年インディアナ州の高齢者と面会した際に述べた言葉》.

heavy hitter 影響力をもつ重要人物

heckler (やじやブーイングなどをして芝居・演説・演奏などを)妨害する人

heir apparent (仕事・地位などの)確実な後継者

♦ Serving eight years as Vice President, it appeared Joe Biden was the heir apparent to succeed President Obama. 副大統領を 8 年務め, オバマ大統領の後継者はジョー・バイデンと思われた.

hidden agenda (声明・政策などの)隠された意図

♦ The voters want to be certain that government officials don't have a hidden agenda. 官僚たちに隠された意図はない, と投票者は確信したいのだ.

♦ Politicians must avoid hypocrisy, double talk and hidden agendas. 政治家に偽善行為, あいまいな物言い, そして隠された動機があってはならない.

hierarchy (権力者)集団, 支配層

Hill 《the 〜》キャピトルヒル; 米国連邦議会議事堂(Capitol)がある Washington, D. C. の小さな丘

米国議会を指す.

• on the Hill 連邦議会で

◆ Some on the Hill are saying that the administration is not pressing Japan hard enough to open its market. 議会には政府が日本に市場開放を十分に要求していないと言う議員もいる.

Hill climber 連邦議会議員を目指す委員会の補佐官

委員会補佐官は, 一般的に上昇志向が強いため揶揄される傾向がある.

Hill rat 連邦議会議事堂で働く若いスタッフメンバー

◆ Paul was a typical Hill rat, an arrogant congressional staffer who takes issue with constituents complaining about laws. ポールは議事堂で働く傲慢な若手スタッフの典型で, 選挙民をつかまえては自説を開陳し, 諸法規に対する不満をぶつけた.

hit list 制裁対象リスト; 要注意人物リスト

◆ Congress seemed likely to sign off on most of the items on the President's budgetary hit list. 議会は大統領の予算削減計画案に掲げられた大部分の項目に承認を与える模様である.

◆ The conservatives have got a hit list of every prominent liberal in the state. 保守主義者はマークすべき州内のすべての中心的なリベラリストのリストを持ち合わせている.

hit the road （地方遊説の）旅に出る

honeymoon ハネムーン, 蜜月のような期間

新しい関係・活動などを始めて間もない時期.

◆ He is fighting to keep his honeymoon alive at least long enough to see his programs safely through to passage. 彼は, 少なくとも自分の計画案が無事に可決されるまでは（議会との）ハネムーン（協調[蜜月]期間）を引き延ばしておこうと努力している.

◆ The honeymoon between Congress and the new President is over. どうやら議会と新大統領の蜜月関係は終わったようだ.

hoopla 大騒ぎ, 熱狂; 誇大宣伝

◆ What's the hoopla all about? This governor is the first to announce plans to provide free college education for all. この派

手な宣伝は一体何なのか．この知事は他に先んじてすべての人の大学教育を無償にする計画を発表したのだ．

Hoover, Herbert ハーバート・フーヴァー

Herbert Clark Hoover(1874–1964)，第31代大統領(共和党，1929–33)，アイオワ州出身．就任後7ヶ月で株式市場が大暴落し，それをきっかけに大恐慌が起こった．個人の自発性(rugged individualism)を重視し，政府の介入を抑制する経済政策を信奉した(cf. rugged individualism)．

hopeful 有望な人

大統領選出を狙う予備選挙段階の候補者，あるいは立候補を考えている人．

- Two White House hopefuls are still vying for the right to challenge President Trump in the general election. 二人の有力な大統領候補が，最終選挙でのトランプ大統領への挑戦権を賭けて未だに競い合っている．
- The senator is the most prominent of the new generation of Presidential hopefuls. その上院議員は大統領を狙う有望な新人の中でも傑出した存在だ．

hopper 議員が法案を入れる箱，議員立法提案箱

この箱に入れることで法案が正式に提出されたものとみなされる．

horse race (一回の)競馬；競り合い，接戦

- horse race journalism 候補者の支持率や当落予想が中心の選挙戦報道．

horse-trading 政治取引[駆け引き]

- Reagan promised he had no intention of horse-trading with Congress. レーガンは議会と駆け引きをする意図はないと約束した．

hot-button 形 決定的な，重大な

政治的な争点を巻き起こしそうな，という意味の形容詞．もともとはマーケティングの分野で「購買意欲」という意味で使われ

ていたが, 1980 年代に入り政治の世界でより頻繁に使われるようになった.

- a hot-button issue 大きな反響を呼ぶ[激論を巻き起こす]問題
- hit the hot button 激論を巻き起こす.

House 《the 〜》(上院または下院の)議院

特に下院(the House of Representatives)を指す.

housecleaning 人事・組織の粛清

House Judiciary committee 《the 〜》下院司法委員会

House of Delegates 《the 〜》州議会下院

House of Representatives 《the 〜》連邦議会下院; 州議会下院

二院制をとる連邦議会の一つ. 大統領制の下で上院と対等であるが, 財政議案の発議権など独自の権限を有している. 10 年ごとの国勢調査による人口数に比例して各州に割り当てられた小選挙区から選出された 435 名の議員で組織され, 任期は 2 年で, 偶数年毎に全員が改選. 被選挙権は 25 歳以上で 7 年以上アメリカ市民でなければならないなど, 上院と異なる点も多い.

House Un-American Activities Committee / HUAC 《the 〜》非米活動委員会

1940 年代から 50 年代にかけてのアメリカでの反共主義を進めるため, 共和党のジョセフ・マッカーシー(Joseph McCarthy)らによって結成された団体(cf. McCarthyism).

Humphrey, Hubert ヒューバート・ハンフリー

Hubert Horatio Humphrey, Jr.(1911–78), リンドン・ジョンソン政権の副大統領(民主党, 1965–69), サウスダコタ州出身.

Hundred Days 百日議会

第 32 代大統領フランクリン・ルーズベルトが召集した特別議会の期間(1933 年 3 月 9 日から 6 月 16 日まで). ニューディール政策に関する重要法案が多数成立した.

hustings 演説台; 選挙演説, 遊説

- The candidate's image as a strong leader has softened as he has mumbled and humbled on the hustings.　その候補者は遊説での演説で口ごもったり，もたもたしているため，強力な指導者としての彼のイメージは柔弱になった．

hyperpower　超大国

冷戦後唯一の超大国となり，圧倒的な力をもつに至った米国を表す表現．1998 年当時のフランスの外相が使った．

I, i

Idaho アイダホ 《略》Ida. (ID)

〔人口〕約 158 万人(39 位) 〔面積〕216,446km^2(14 位) 〔加盟年〕1890年 7 月 3 日(43 番目) 〔州都〕Boise(ボイシ) 〔モットー〕(ラテン語) Esto perpetua (Let it be perpetual; 永遠に続くことを) 〔愛称〕Gem State(宝石州) 〔選挙人〕4 人(39 位) 〔人種構成〕Ⓦ 82.5 Ⓑ 0.6 Ⓗ 12.2 〔2016年〕Ⓡ 59 Ⓓ 27 〔2012年〕Ⓡ 65 Ⓓ 33 〔州議会〕L 〔州上院〕SN 〔州下院〕HR.

I have a dream. アイ・ハブ・ア・ドリーム

1963 年 8 月 28 日のリンカーン記念日に公民権運動の指導者であるマーティン・ルーサー・キング・ジュニア(Martin Luther King, Jr.)が行った演説中の言葉. いかなる困難な状況にあろうとも, なお自分は「アメリカの夢」に深く支えられた夢を持ち続けていると呼びかけた.

Illinois イリノイ 《略》Ill. (IL)

〔人口〕約 1287 万人(5 位) 〔面積〕149,998km^2(25 位) 〔加盟年〕1818年 12 月 3 日(21 番目) 〔州都〕Springfield(スプリングフィールド) 〔都市〕Chicago(シカゴ) 〔モットー〕State Sovereignty, National Union(州の主権, 国家の統一) 〔愛称〕Prairie State(大草原の州) 〔大統領〕レーガン(40 代) 〔選挙人〕20 人(5 位) 〔人種構成〕Ⓦ 61.9 Ⓑ 14.1 Ⓗ 16.8 〔2016年〕Ⓡ 38 Ⓓ 55 〔2012年〕Ⓡ 41 Ⓓ 58 〔州議会〕GA 〔州上院〕SN 〔州下院〕HR.

image 〔名〕マスメディアなどによってつくられた通念, イメージ; 〔動〕(選挙候補者などの)イメージづくりをする

♦Donald Trump's campaign drew heavily on his personal image, enhanced by his previous media exposure. ドナルド・トランプの運動は彼の個人的なイメージに多分に依存し, 過去の

メディアでの露出に助けられてきた.

immunity （義務などの)免除, 免責

《法律》刑事免責, 訴追免除. 自らの罪を認めること(self-recrimination)と引き換えに行われることが多い.

impeach 動 （政治家などを)弾劾する

impeachment 弾劾, 非難

大統領はじめ政府高官をその職から解任するための手続き. 下院が過半数で告発し, 上院が裁判所の役割を果たす. 上院で3分の2以上の賛成票があれば弾劾が成立する. 米国史上アンドリュー・ジョンソン, ニクソン, クリントン, トランプ大統領に弾劾の手続きがとられた.

Imperial Presidency 帝国(的)大統領(職[制])

米国憲法の規定を超えて権限を振るうと見られる大統領職を指す《米国の歴史家アーサー・シュレジンジャー(Arthur M. Schlesinger, Jr.)の同名の著書(1973年)より》.

♦ Presidents who seek to expand their powers at the expense of Congress are sometimes referred to as the Imperial Presidency. 議会を顧みずに権力の拡大を追求する大統領は, 帝国大統領と呼ばれることがある.

implied power 黙示的権限

暗示された権限. 合衆国憲法による規定はないが, 連邦政府が行使できる権限を指す.

♦ The U.S. government created the Internal Revenue Service (IRS) in 1862 using their implied power to collect taxes. 1862年, 米国政府はその黙示的権限を使って税の徴収のために, 内国歳入庁(国税庁)を創設した.

impound 動 （裁判所などが)文書などを押収する; とっておく

（大統領または知事が)議会(legislature)の命じた支出を差し止める措置をとること.

● impound funds 資金をとっておく

♦ The governor asked the attorney general about the

spending's legality and impounded funds appropriated by the legislature. 知事は支出の合法性につき司法長官の見解を求めた結果, 議会が割り当てた資金の使用を差し止めることにした.

♦ Voting irregularities prompted a federal judge to impound the ballots until a full recount could be conducted. 不正投票があったため, 完全な数え直しが実行されるまで連邦判事が投票用紙を保管することになった.

Inauguration Day 大統領就任式の日

大統領選挙で当選した翌年の1月20日正午に連邦議会議事堂東側正面の特設台上で就任演説が始まる.

♦ An inauguration is a key American political rite of passage. 大統領就任式は米国政治における重要な通過儀礼である.

incomplete success 不完全な成功

つまり失敗のこと. イランの米国大使館人質事件(1979年)で, カーター大統領が救出作戦の失敗を認めた際に使った言葉.

incumbency effect 《the ～》現職効果

再選を目指す現職の大統領や知事の人気が他の選挙に及ぼす影響. その現職が人気のある場合には同じ党に属する候補者への票が増え, 反対に人気のない場合には票が減る. incumbency advantage ともいう.

incumbent 現職(者), 在任(者), 現職議員

公職に就いている人. 公職の経験, 知名度(their exposure to the public), 選挙資金を集めやすいことなどから, 現職者が再び立候補を決めた場合, ふつう相手候補よりもかなり有利な立場にある.

● an incumbent seeking reelection 再選を狙う[目指す]現職議員.

independent candidate 独立候補

民主党, 共和党いずれの政党にも属さない候補.

Independent Counsel 独立検察官
independent voter 無党派有権者

Indiana インディアナ 《略》Ind. (IN)

⟨人口⟩ 約 651 万人(15 位) ⟨面積⟩ 94,321km²(38 位) ⟨加盟年⟩ 1816 年 12 月 11 日(19 番目) ⟨州都⟩ Indianapolis(インディアナポリス) ⟨モットー⟩ The Crossroads of America(アメリカの十字路) ⟨愛称⟩ Hoosier State(無骨者の州) ⟨選挙人⟩ 11 人(14 位) ⟨人種構成⟩ Ⓦ 79.8 Ⓑ 9.1 Ⓗ 2.1 ⟨2016年⟩ Ⓡ 56 Ⓓ 37 ⟨2012年⟩ Ⓡ 54 Ⓓ 44 ⟨州議会⟩ GA ⟨州上院⟩ SN ⟨州下院⟩ HR ⟨友好⟩ 栃木県.

Indiana ballot インディアナ式投票用紙

候補者名が政党別に記載してある投票用紙. party-column ballot ともいう.

infighting (組織などの)内部の争い, 内紛, 内輪もめ

♦ Let's not have any infighting. 内輪もめはよせ.

influence peddler 政界の顔役, 顔利き

地位や肩書を利用して便宜を与え, その代わり人々に忠誠, 協力を要求する顔の利く人.

influence peddling (政治家による)違法な口利き; 収賄汚職

政府高官などに対して自分がもっている影響力(influence)を売り物にする人.

♦ Voters have noticed the growth in influence peddling, as more ex-politicians are hired by consulting firms as lobbyists. 元政治家たちがコンサルティング会社にロビイストとして起用され, その地位や肩書が利用される例が増えていることに有権者は気づいている.

initiative イニシアティブ, 国民発案

州市町村地区でのみ利用されている制度で, 有権者が法案を立案し署名などの一定要件を満足させ, その結果採否を一般投票に付するもの. Proposition 13 はその例(cf. Proposition 13; referendum).

ink 印刷インキ→広く紹介すること

(新聞・雑誌による)報道; マスコミなどの注目(publicity).

♦ What this campaign needs is plenty of ink to get it going

again. 選挙運動に勢いを取り戻すためには，どんどんマスコミで報道されて脚光を浴びなくてはならない.

inner cabinet インナー・キャビネット，内閣協議会，重要閣僚

重要省庁のトップ(国務省・財務省・国防省・司法省の4人の長官)による非公式の諮問委員会.

inner circle (共通の目的をもつ)排他的小集団，取り巻きグループ，側近，派閥

(政界・業界などで強い勢力をもつ)中枢グループ.

• inner circle of government　権力の中心に最も近い人々.

inoculated candidate (ダメージに対して)免疫のある候補

修羅場をくぐり抜けてきて多少のダメージでは傷つかない政治家のこと.

inoculation 免疫；(考え方や思想などの)植え付け，教え込み，感化

対立候補から攻撃されそうな弱点をカバーする対策を前もって講じること.

in power 政権を握って，権限のある

• the party in power　政権党.

inside baseball 《話》内輪ネタ

♦ The senator dismissed the matter as "inside baseball" and said the voters were not interested in it.　その上院議員はその件は「内輪ネタ」だと退けて，投票者は関心がないことだと取り合わなかった.

inside the Beltway ベルトウェイ(環状線)の内側の

ワシントン D.C. の特権階級の世界では；連邦政府内やワシントン D.C. の政界では(cf. Beltway; outside the Beltway).

♦ You may not know this yet, but it's an old story inside the Beltway.　君はまだ知らないかもしれないが，これは中央政界では言い古された話なんだ.

Inspector General 監察官

監察官は 1978 年の連邦監察官法(Inspector General Act)によ

り各連邦政府機関内に設置され, 政府の不正行為や職権乱用を監視する役割を担う.

insurgent (政党内の)反対分子, 造反派

interest group 利益(者)集団

ある政策や措置を採用するように, 政治に影響を及ぼそうとする圧力団体やロビー活動グループ.

Internal Revenue Service / IRS 《the ～》国税庁

財務省の一部局. 関税を除いて, 国税庁はすべての連邦税の徴収に責任をもつ.

in the loop 輪の中に入って, 仲間に入って, 有力者[実力者, 要人]グループのメンバーとなって (cf. inner circle)

- keep someone in the loop　人を中枢に入れる.

investigative reporting / investigative journalism 調査報道

犯罪事件などをジャーナリストが独自に調査して報道すること.

Iowa アイオワ ⦅略⦆Ia. ⦅IA⦆

⦅人口⦆約306万人(30位) ⦅面積⦆145,743km²(26位) ⦅加盟年⦆1846年12月28日(29番目) ⦅州都⦆Des Moines(デモイン) ⦅モットー⦆Our liberties we prize and our rights we will maintain(われらは自由を尊び, 権利を保持する) ⦅愛称⦆Hawkeye State(タカの目州) ⦅大統領⦆フーヴァー(31代) ⦅選挙人⦆6人(30位) ⦅人種構成⦆Ⓦ86.5 Ⓑ3.3 Ⓗ5.7 ⦅2016年⦆Ⓡ51 Ⓓ42 ⦅2012年⦆Ⓡ46 Ⓓ52 ⦅州議会⦆GA ⦅州上院⦆SN ⦅州下院⦆HR ⦅友好⦆山梨県.

Iowa Caucus アイオワ州コーカス

党大統領候補指名争いのための党員集会を最初に開く州がアイオワ州である.

- For the last year, the candidates have been adding campaign staff and soliciting volunteers to compete effectively in the Iowa Caucus. この一年間, 候補者たちはアイオワ州のコーカスで効果的に戦うべく, スタッフを増員しボランティアを募っ

てきた.

Iron Triangle 《the 〜》鉄の三角地帯[三角形, 三者連合体]
軍事関係企業の意向を代弁するロビイスト・議員とそのスタッフ・官僚機構の三者が, 政府の政策立案や議会の法案審議に影響力をもつ(cf. military-industrial complex).

- the iron triangle of politics, bureaucracy and business 政官業の支配体制.

IRS ⇨ Internal Revenue Service

isolationism 孤立主義

It's the economy, stupid! いいかい, 問題は経済なんだよ; 大事なのは経済じゃないか, 馬鹿だなあ
クリントン大統領の選挙参謀であったジェームズ・カービル(James Carville)が, 選対本部にある自分の机の上にこう書かれた表示板を置いた. 争点や重要テーマを喚起する表現(この stupid は意味を強めるために添えられたもの).

J, j

jawbone 動 強く説得［警告］する

jawbone 名（動物のあご骨）でかみ砕く，ということから．

♦ Every price increase must be jawboned to death by the Government. あらゆる物価の上昇は，政府の強い説得によってやめさせなければならない．

jawboning（権威筋などからの）強い説得，働きかけ，圧力政策（cf. jawbone）

大統領による説得工作や強力な要請を指すことが多い．賃金・物価抑制など経済政策推進のため，労組や経済界に対して政府の指針に合致する行動をとらせていくやり方で，ケネディ大統領やジョンソン大統領のころから使われるようになった．

♦ President Ford introduced a jawboning campaign called "WIN—Whip Inflation Now"—in an effort to hold prices and wages in line. フォード大統領は物価と賃金水準を抑制すべく「インフレを今こそ打ち負かせ」と呼ばれる圧力政策を導入した．

JBS ⇨ John Birch Society

JCS ⇨ Joint Chiefs

JFK ⇨ Kennedy, John F.

Joe Six-pack 普通の米国人男性［労働者］

米国のスーパーマーケットなどでは缶ビールは6本パックで売るのが標準となっている．そこから「ありふれた米国の男性」のことを「6本入りのパックのビールを買って飲むジョー」というようになった．

♦ The president had populist appeal and knew he could attract a good number of Joe Six-pack Republicans from the middle class. 大統領には一般大衆を引きつける魅力があり，中産階級

の普通のアメリカ人男性を魅了できると認識していた.

John Birch Society／JBS 《the 〜》ジョン・バーチ協会

極端な保守反共集団. 1958 年設立(cf. Bircher).

John Q. Public 一般市民[大衆]

Johnson, Lyndon リンドン・ジョンソン

Lyndon Baines Johnson(1908–73), 第36 代大統領(民主党, 1963–69), ケネディ政権の副大統領(1961–63), テキサス州出身. 当時の大統領であったケネディの暗殺により, その後継として副大統領から大統領に就任した. 国内的には "Great Society"(偉大な社会)のスローガンをかがげ, 公民権法制定などで実績をあげたが, 対外的にはベトナム戦争での北爆開始(1965年)など軍事介入を深め, 内外の批判を招いた(cf. Great Society).

Joint Chiefs／Joint Chiefs of Staff／JCS 《the 〜》統合参謀本部

国防(総)省のトップレベルの軍事顧問委員会で, 陸軍, 海軍, 空軍, 海兵隊を代表する将官たちから成る. 大統領・国家安全保障会議・国防長官に軍事諮問を行う.

joint committee 合同委員会

(特定の問題に関する意見調整のための)両院合同委員会.

joint resolution 両院合同決議

上下両院で可決され, 大統領に提出されて承認を受ける, 法的拘束力をもつ決議(cf. concurrent resolution).

Joint Select Committee on Deficit Reduction 《the 〜》赤字削減両院合同特別委員会

joint session／joint session of the House and Senate 上下両院合同会議, 合同審議

●a joint session of Congress (二院制議会の両院の)合同会議.

joker 偽装条項, カムフラージュ条項, ジョーカー条項

文書にひそかに挿入される条項や語句で, 表面上は無害に見えるが実際はその文書の法律上の有効性を失わせるものをいう.

judicial branch 《the 〜》司法部門, 司法府

judicial review 司法審査権, 違憲審査

裁判所が, 行政部門や立法部門の行為が憲法に適合しているか否かを審査する制度.

juice 有力な地位, 政治的な影響力, 職権

- ♦"The important thing now is I got juice as a legislator," the congresswoman said. 「今, 重要なのは, 私が立法府議員としての地位を得たことです」とその下院議員は語った.

juice bill ジュース法案

政治家が依頼者からの見返りを前提に提出する法案.

jungle primary ジャングル予備選挙

立候補者全員を対象に投票を行い, 本選挙は上位2名で決戦投票(run-off)を行う制度. blanket primary や Top Two Primary とも呼ばれる.

junior senator 初年上院議員, 1年生上院議員

junket (視察・調査などを名目にした公費での)大名旅行

[関連語] junketeer はそれをする人.

- ♦The legislators were chided in the press for the two-week "fact-finding" junket they took to Asia with their entire families. 立法府議員は家族連れで2週間アジアに実情調査旅行と称する大名旅行をして, マスコミから叩かれた.

K, k

Kansas　カンザス《略》Kan. (KS)

[人口] 約287万人(33位)　[面積] 213,096km^2(15位)　[加盟年] 1861年1月29日(34番目)　[州都] Topeka(トピーカ)　[都市] Wichita (ウィチタ)　[モットー] (ラテン語)Ad astra per aspera (To the stars through difficulties; 困難を越えて星へ)　[愛称] Sunflower State (ヒマワリの州)　[選挙人] 6人(30位)　[人種構成] Ⓦ 76.5 Ⓑ 5.6 Ⓗ 11.5 [2016年] Ⓡ 57 Ⓓ 36　[2012年] Ⓡ 60 Ⓓ 38　[州議会] L　[州上院] SN　[州下院] HR.

keep [leave] all options open　あらゆる選択肢を残しておく, いかなる選択肢も排除しない

- ♦Donald Trump, nursing hopes of getting into the presidential race, announced in December 2011: "I must leave all of my options because, above all else, we must make America great again!"　大統領選レースに加わる希望をかねてから抱いていたドナルド・トランプは, 2011年12月「何にもましてアメリカを再度偉大な国家にするために, 私はすべての選択肢を残しておかなければならない」と表明した.

Kennedy, John F.　ジョン・F・ケネディ

John Fitzgerald Kennedy(1917–63), 《略》JFK. 第35代大統領 (民主党, 1961–63), マサチューセッツ州出身. 1960年民主党候補としてニクソンを破り, 史上最年少で大統領に選出される. New Frontier(ニュー・フロンティア)はケネディ政権の政策目標を特徴づけた用語. テキサス州ダラスで遊説中暗殺された(cf. New Frontier).

Kentucky　ケンタッキー《略》Ken. (KY)

正式には State of Kentucky ではなく Commonwealth of Kentucky と呼ばれる 〔人口〕約 437 万人(26 位) 〔面積〕104,659km^2 (37 位) 〔加盟年〕1792 年 6 月 1 日(15 番目) 〔州都〕Frankfort(フランクフォート) 〔都市〕Louisville(ルイビル) 〔モットー〕United We Stand, Divided We Fall(団結すれば立ち, 分裂すれば倒れる) 〔愛称〕Bluegrass State(ブルーグラス(イチゴツナギ)州) 〔大統領〕リンカーン(16 代) 〔選挙人〕8 人(25 位) 〔人種構成〕Ⓦ 85.1 Ⓑ 7.9 Ⓗ 3.4 〔2016年〕Ⓡ 63 Ⓓ 33 〔2012年〕Ⓡ 60 Ⓓ 38 〔州議会〕GA 〔州上院〕SN 〔州下院〕HR.

keynote address / keynote speech 基調演説

(政治集会, 党大会などの)基本政策演説. keynote は(政策などの)基本方針の意.

kick someone upstairs （人を)閑職に追いやる

名目だけの地位に祭り上げるが, 実際的には権力を奪い取る.

- Republican Party bosses, fearful of his independence, managed to kick him upstairs to the vice presidency. 共和党のボスたちは, 彼が独立するのを恐れ副大統領に祭り上げた.

kinder and gentler nation 《a ～》より親切で優しい国

第 41 代大統領ジョージ・H・W・ブッシュが描いた国家像; 平和国家アメリカを表現するフレーズ.「強いアメリカ」を強調したレーガン大統領を強く意識し, ポスト・レーガン時代を打ち出した.

kingmaker キングメーカー

高位の公職候補者の選任に際し政治的影響をもつ実力者.

- Obama's continuing popularity following his presidency has positioned him to be a political kingmaker. 大統領を退いた後も人気を保ち続けるオバマ氏は, キングメーカー(政界の実力者)に位置づけられた.

kitchen cabinet （大統領・州知事などの)私設顧問団

政府の要職にない人で, 大統領の私的側近となっている人たち, ブレーン. 〔由来〕ジャクソン大統領が公式の閣議を廃止し, ホワイトハウスの食堂で個人的友人と議論しながら政策を決め

ていったことから.

♦ Why does the president trust members of his kitchen cabinet more than the experts who have spent their entire careers in Washington? 大統領はなぜ, ワシントン生え抜きの専門家以上に私設顧問団のメンバーを信頼するのだろうか.

knee jerk/knee-jerk 形 お決まりの行動をとる; ワンパターンの; 型にはまった; 予想通りに反応する

(膝を軽くたたくと脚が反射的にはねるように)たいして考えずに[反射的に]反応する; 反応が予測できる.

● knee-jerk liberal 型にはまった自由主義者

♦ The chairman of a university in Texas is hardly a knee-jerk reactionary. Like many a Texan, he is coldly conservative on some issues, warmly liberal on others. When it comes to education, he is all populist. テキサス州のある大学の学長は無思慮な反動主義者では決してない. 多くのテキサスの民主党員と同じように, ある問題については冷淡に保守的であり, またある問題については温かく鷹揚である. 教育の問題となると彼は, 全くの大衆迎合主義者である.

knock heads 強圧手段を用いて自分の考えに同調させる

K Street K通り

ロビイスト街. ワシントン D.C. の大通りの名前で, ロビイスト, シンクタンク, 圧力団体などが集中している場所.

K-12 幼稚園から第 12 学年(高校 3 年)まで

K through twelve と読む. K は kindergarten の略.

● K-12 boarding school 幼稚園から高校 3 年までの全寮制の学校.

L, l

LA / Legislative Assistant 立法補佐官

法律制定, 立法関係補佐官.

♦ Senator Deaton's LA was a stickler on policy matters and kept a watchful eye for consistency on legislation. ディートン上院議員の立法補佐官は政策関連事項にやかましい人物で, 法案に矛盾がないか絶えず目を光らせていた.

lame duck レイムダック

再選に失敗した後や任期末期で残された任期を務める, 実権をもたないに等しい大統領・政権など. 由来 足が不自由(lame)で群れから離れてしまい, 外敵の餌食となるアヒルから.

♦ The congresswoman wasn't terribly influential even as an active legislator, so as a lame duck she could barely get anyone to return her telephone calls. その女性議員は現役下院議員としての影響力はもはやあまりなく, レイムダックの立場ともなるとメッセージを残しても電話を返してもらうことすらやっとのことだった.

landslide (選挙の)地滑り的大勝利, 圧勝

♦ The presidential election resulted in an unprecedented Democratic landslide. 大統領選挙は民主党の未曽有の大勝利に終わった.

Langley ラングリー (バージニア州北部の町); CIA

CIA 本部の所在地であることから, CIA を指して用いる.

♦ The discovery of CIA involvement in domestic political campaigns prompted senators of both parties to have top Langley officials testify to Congress. 国内の政治運動に CIA が関わった事実がわかり, 両党は急遽 CIA 上層部の役人を議会に召喚

し証言させることとなった.

lap dog 人の言いなりになる人

本来の意味は膝(lap)に乗せられるほどのペット用小型犬.

◆She said the prime minister should stop being the little lap dog of America. 首相はアメリカの言いなりになるのを止めるべきだと彼女は言った.

last hurrah 有終の美を飾ること

(政治家の)最後の追い込み.

◆The reelection campaign was expected to be the senator's last hurrah. 再選を目指す上院議員にとって, 今回が最後の選挙運動となる見込みだった.

laundry list (いろいろなことを書き並べた)長いリスト

(議事・すべきことなどの細々とした)リスト, 覚書.

◆The senator began the hearing by reading a laundry list of accusations for nearly 30 minutes! その上院議員は, 公聴会冒頭に 30 分近くかけて長々とした起訴案件リストを読み上げた.

law (議会によって作られる)法律, 法令

act(法令)に大統領が署名して発効し正式に law となる. そしてそれは国家の成文法の一部(statute)となる(cf. statute).

law and order 治安, 法と秩序

犯罪と暴力の増加に対する抑制を求めるスローガン.

law-enforcement agency [authority] 法執行機関

警察, 検察など法を執行する公機関.

lawmaker 立法者, 連邦議会議員

lawyer's bill 弁護士の請求書

弁護士費用が高額であることはつとに知られる.

◆The deregulation measure was a lawyer's bill if there ever was one. 規制撤廃案が実施できたとしても, それには高額の弁護士費用が必要だった.

leadership 《the ～》幹部, 上層部; 議会の重鎮

speaker(議長), a majority [minority] leader(院内総務), a

whip(院内幹事)など議会の幹部を指す.

leak 極秘情報の提供

特定の記者に対して情報源がひそかに情報を流すこと. 内部告発や内部の権力闘争で競争相手を攻撃するためなど, 特定の意図をもってなされることが多い(cf. Deep Throat).

♦ The Watergate scandal came to public light due primarily to off-the-record leaks provided by the reporters' anonymous source, nicknamed "Deep Throat." ウォーターゲート事件が明るみに出た主たる理由は,「ディープ・スロート」なる匿名情報提供者が, オフレコで記者に情報を流したためであった.

left / Left / left wing / left-wing 名形《the ～》左翼(の)

進歩的・リベラルな政策を擁護する個人, あるいは政治的党派を指す用語. 合衆国の二大政党はいずれかを右派, いずれかを左派と位置付けることはできないが, 左翼的・リベラルな政策は通常民主党と結び付く.

leg. legislation, legislative, legal, legislature などの短縮形

legislation 法案, 議案; 立法, 法律の制定

(政府によって提案・制定された)法案, 法律. 一つの法案・法律を a piece of legislation と呼ぶ.

Legislative Assembly 《the ～》州議会下院

Legislative Assistant ⇨ LA

legislative branch 《the ～》立法府

legislative immunity 議員免責特権

憲法で保障された連邦議員の権利で, 議員の公務中の発言に対してほぼ完全な免責を与えている.

Legislative Reorganization Act 《the ～》議院改革法

連邦議会がその機能を十分に発揮できるように, 議院における手続きなどを改善するための法律(1970年). 公聴会のマスメディアによる公開を可能にするなど, 重要な改革がなされた.

legislative session 立法議会

legislative traffic jam 議会[審議]の停滞

legislative veto 議会拒否権

legislator 法律制定者, 立法者; 立法府(議会など)の議員

Legislature 《the 〜》❶立法府[部], 議会. ❷州議会

legitimate / legit 圏 合法的な, 適法である

Let us continue. さあ, 続けましょう

ケネディ大統領が暗殺されたのち大統領に就任したジョンソン元副大統領が, 上下両院の合同会議で行った演説の中の一節.

level playing field 機会の均等, 同一競争条件

同一の競争条件の場. 由来 どちらのプレイヤーにも不公平のない平らな競技場の意から.

- The U.S. Trade Representative said that the agreement will begin to create a level playing field. その合意は同一の競争条件をつくるための手始めであると, 米国通商代表は述べた.
- They want the government to revise the tax code to provide a level playing field for all companies. 彼らはすべての企業に同等の競争の場を与えるべく, 税法改正を政府に求めている.

liberal 圏 自由な, 自由主義の; 图 自由主義者

政治思想の分野では主に社会的公正や多様性を重視するリベラリズム(自由主義)やリベラリスト(自由主義者)の意で使われる. 類似用語に社会自由主義, 進歩主義などがある.

liberalism 自由主義

個人の発展と福祉に役立つように, 政治・経済・社会的現状を変革しようとする政治思想. アメリカでは保守主義と対立する立場を指す.

Libertarian Party 《the 〜》自由党

1971 年に創立された政党. 私有財産権の尊重, 無干渉主義, 自由市場経済を主張. 1980 年の大統領選挙で同党候補が全米で92 万票を獲得した. 党のシンボルカラーは(ゴールド)イエロー.

Library of Congress 《the 〜》議会図書館

ワシントン D.C. にある世界最大規模の議会付属図書館.

lieutenant governor (州の)副知事

lightweight 名形 浅はかで知性や意欲を欠いた公人[政治家]（の）

- ●a lightweight candidate　泡沫候補.

likely voters 投票しそうな人

世論調査で投票に行くと答えた有権者.

- ◆A poll found that 55% of likely voters opposed the new tax plan.　世論調査では，投票に出かける予定と回答した投票者の55％が，新たな税制に反対していることが判明した.

lily-white 名 黒人参政権反対運動組織の一員，（特に共和党内の）白ユリ派の一員；形 黒人の参政権に反対の，人種差別支持の

limousine liberal 裕福な自由主義者[進歩主義者]

- ◆Conservatives endlessly grumble about "limousine liberals" who push for funding social programs.　保守派は社会保障計画への財政支援を要求する裕福な自由主義者に対する不満を繰り返し述べている.

Lincoln Bedroom 《the 〜》リンカーン・ベッドルーム

ホワイトハウスにある寝室. リンカーンがオフィスに使ったとされる. 1996年の大統領選挙の際に，クリントン大統領が巨額の選挙資金を提供した支持派を泊まらせたことで問題になった. リンカーンの亡霊が出るといううわさがある.

Lindley Rule 《the 〜》リンドレー・ルール

国務省など官庁が新聞記者に情報を流す際に，その情報の出所には一切触れないか，政府筋などと極力ぼかし記事を書くという条件で発言が行われるという取り決め.

line-item veto 項目（別）（大統領）拒否権

議会を通過した法案の一部の条項について拒否権を発動できる大統領の権限. 上下両院議員の3分の2以上の賛成により大統領に拒否された項目を再度承認すれば，議会は大統領の決定を覆す(override)ことができる. 法案全体に対する拒否権はヴィートー(veto)という(cf. veto power).

listening tour リスニング・ツアー

政治家や候補者が有権者の意見や要望, 苦情などを吸い上げるために選挙区を回ること.

litmus-test リトマス試験

《比喩》試金石; 反応を見る[試す]試験[実験, テスト], 物事の白黒をはっきりさせるような事件.

litmus-test issue リトマス試験問題

選挙候補者の考えを明らかにし, 有権者の支持・不支持を決める際の指標となる政治問題.

little old ladies in tennis shoes テニスシューズのおばさんたち

《比喩的に》保守派の女性活動家たち.

lobby 院外団; 圧力団体

lobby-fodder ロビイストの利益に奉仕する政治家

主に議案通過運動者や陳情者のために尽くしているとみなされる政治家, (利益集団に奉仕する)癒着議員(連).

Lobbying Disclosure Act 《the ～》ロビイング公開法

Lobbying Regulation Act 《the ～》ロビー活動規制法

1946 年成立.

lobbyism ロビイズム, 院外活動, 議会工作

法案の通過または否決を求める利益集団の活動.

lobbyist ロビイスト

院外議会工作活動をする人, (特に)報酬を得てその活動を代行する人.

lock 完全な支配[掌握]

- have a lock on ... …を完全に支配する
- The presidential candidate had a lock on the South and the Midwest, but was struggling in the Northeast. その大統領候補は南部と中西部では確かな手応えをつかんでいたが, 北東部では苦戦していた.

Log Cabin Republicans／LCR ログキャビン・リパブリカン, 丸太小屋共和党員

共和党内で同性愛者の権利を擁護する組織.

♦ The fiscally conservative Log Cabin Republicans want to strengthen rights for LGBT groups. 財政面で保守的な丸太小屋共和党員は LGBT(性的少数者) グループの権利拡大を願っている.

logroll 動 互いに助けや好意を交換する

政治家がお互いに利益となる計画をうまく運ぶために支持票を交換し合うときなどに盛んに使われる言葉.

♦ Because the jobs bill touched so many competing interests, the congressmen were logrolling hours before the vote took place. 雇用に関するその法案には多くの競合する利益集団がからむため, 議員たちは採決の何時間も前から「相互援助」を模索していた.

logrolling / log-rolling 丸太ころがし→慣れ合い協力, 議員間の相互援助

立法府議員がお互いの法案に賛成投票するという事前の慣れ合い協力を指す. 由来 アメリカの開拓時代, 新しい家族が入植地にやってくると, 前からいた人々が新参者の家を建てるために丸太ころがしを一緒に行ったことから.

loneliest job in the world 《the 〜》世界一孤独な仕事

大統領職のこと. ジョージ・ワシントンの時代から, いろいろな表現で大統領職の孤独さが述べられている.

Los Angelization ロサンゼルス化

都市において人口・交通混雑・犯罪などの問題が抑制されないままに悪化すること.

♦ The community planners feared the Los Angelization of their city and vowed to develop a controlled growth policy. 都市計画の主導者たちは, ロサンゼルスのような惨状に陥ることを恐れ, 調和のとれた発展を志向する政策を打ち出さんとしていた.

Louisiana ルイジアナ 《略》La. (LA)

人口 約 457 万人(25 位) 面積 134,264km^2(31 位) 加盟年 1812

年4月30日(18番目) [州都] Baton Rouge(バトンルージュ) [都市] New Orleans(ニューオーリンズ) [モットー] Union, Justice and Confidence(団結, 正義, そして信賞) [愛称] Pelican State (ペリカン州); Bayou State(入江の州) [選挙人] 8人(25位) [人種構成] Ⓦ59 Ⓑ32 Ⓗ5 [2016年] Ⓡ58 Ⓓ38 [2012年] Ⓡ58 Ⓓ41 [州議会] L [州上院] SN [州下院] HR.

love feast 親睦会, 懇親会

♦ Hotel lobbies were crowded with milling politicians as the annual love feast of the Kansas Republicans drew near. カンザス州共和党の年に一度の親睦会が近づくにつれ, ホテルのロビーは右往左往する政治家でごった返していた.

lovefest 野合

利害が一致した対立党同士の協力.

♦ The lovefest that went on at the press conference after the passage of the environmental bill seemed like just a lot of political posturing. 対立党同士の野合の結果, 環境法案が通過し, その後の記者会見の場はあたかも慣れ合いの政治ショーのようだった.

Lower House / lower house 《the 〜》下院

low road 《俗》陰険なやり方

loyalty oath 忠誠宣誓

(公職者などに求められる)反体制活動をしない旨の宣誓.

lunatic fringe (政治・社会運動などにおける)過激派

少数過激派, 熱狂的支持者たち.

♦ Many political groups have a lunatic fringe of supporters who are willing to push the limits of decency and propriety. 多くの政治グループには, 品位を損ないかねないほどの熱狂的な支持者がいる.

lunch lid ランチタイム報道規制

昼食時はニュース発表はなしとするホワイトハウスからのお達し. lid は規制, モラトリアムの意(cf. evening lid).

M, m

mace 矛(ほこ)状の権標, 英国下院議長の職杖(しょくじょう), 鎚矛(つちほこ) (cf. gavel)

machine 党機関, マシーン

《集合的に》政党組織; (政党を牛耳る)幹部.

- a party machine 政党の幹部連

◆ In politics, if you're against it, it's a machine; if you're for it, it's a party. Men first make a political machine, and then the political machine makes them. 政治の世界では, 反対するなら政治はマシーンだ. 賛成ならそれが政党になる. 人間がまず政治のマシーンになって, それが政治家をつくるのだ.

machine politics 《侮蔑的に》組織[機関]政治

政治活動のためにつくられた組織の力で選挙戦の勝利や法案の成立を図る政治《19世紀末, ニューヨーク市, シカゴ市などの大都市の例が有名》.

Madison Avenue マジソン通り

❶ニューヨークの広告業(communications and advertising business). ❷マスコミを絶対とする考え方(concepts implicit in the mass media advertising business)《かつてニューヨークのマジソン通りには広告会社が集まっていたことから》.

magic number マジックナンバー

❶大統領当選に必要な選挙人数270のこと. ❷法案の可決などに必要な数.

magnet issue マグネットイシュー

多くの支持が集められる政策や政治姿勢の意.

maiden speech (議会での)初演説

Maine メイン《略》Me. (ME)

人口 約 133 万人(41 位) 面積 91,646km²(39 位) 加盟年 1820
年 3 月 15 日(23 番目) 州都 Augusta(オーガスタ) 都市 Port-
land(ポートランド) モットー (ラテン語)Dirigo (I lead; われは導
く) 愛称 Pine Tree State(マツの木州) 選挙人 4 人(39 位)
人種構成 Ⓦ 93.6 Ⓑ 1.2 Ⓗ 1.5 2016年 Ⓡ 45 Ⓓ 48 2012年 Ⓡ 41 Ⓓ
56 州議会 L 州上院 SN 州下院 HR 友好 青森県.

main-line／main line 富裕階級, 上流階級

mainstream 主流, 本流

- mainstream voters 有権者の主流.

mainstream media 《the ～》主要[主流]メディア

- The newly elected mayor was embraced by the mainstream
  media. 新たに選出された市長は主だったメディアに好意的に
  受け入れられた.

mainstreet 動 町や地区の大通りで選挙運動をする

- Though she refuses to speak in public, she mainstreets bet-
  ter than the candidate himself. 彼女は人前で話すことを拒む
  が, 大通りでの選挙運動は候補者自身よりも上手だ.

majority 大多数, 大部分; 多数党, 多数派; 過半数, 絶対多数 (absolute majority); 過半数得票と残りの得票との得票差, 次点との得票差

majority leader 多数党院内総務

議席の過半数を占める多数党のまとめ役. 党員集会で選出さ
れ, 党の主要な代弁者, また戦略担当の役割を果たす. 実際に
下院では, 多数党院内総務は下院議長に次ぐ党の指揮権を握っ
ている(cf. minority leader).

majority party (選挙や投票時の)多数派[党]

単に majority ともいう(cf. majority).

majority whip 多数党院内副総務

上院または下院内多数党の院内総務(majority leader)を補佐す
る議員. 議案の採決にあたって自党議員の出席を促し, 議事の
進展状況を周知させる責任を担う(cf. whip).

Make America Great Again! アメリカを再び偉大に

前大統領のブッシュ, オバマ批判が読み取れるトランプ大統領のキャッチフレーズ.

"Make my day" speech 「いい日にしてくれ」演説

レーガン大統領が, 増税反対の決意を表明した演説で,「増税論者に一言いいたい. やってみろ, いい日にしてくれよ」(Go ahead—make my day.)と言った. Make my day はクリント・イーストウッド(Clint Eastwood)が, 映画 *Sudden Impact*(邦題『ダーティーハリー4』)で, 相手を追いつめたときに言ったセリフで,「私の気分のいい日にしてくれ」が原義.

make the world safe for democracy 世界を民主主義にとって安全な地にする

米国が第一世界大戦に参戦したときの標語. 現在では皮肉を込めて使われることが多い.

Man/man 《the 〜》捜査官

(特に麻薬取締官などの)連邦政府捜査官.

mandate (選挙民から議員などへの)委任; (議員などに与えられる)権能, 為政権

「国民代表為政権」ともいうべきもので, 本来の意味は, 選挙民が地元から選出した議員に委任する為政権のこと.

♦ The Democrat won his race by an overwhelming margin, which many saw as a mandate to pursue health care insurance reforms. その民主党員は圧倒的な得票差で選挙に勝利した. その結果, 多くの人々は健康保険改革を進める権利が議員に委任されたと解釈した.

mandatory spending 義務的経費

♦ Social security, Medicare and national defense are prime examples of mandatory spending in the federal budget. 社会保険, 健康保険, 国防費, これらが連邦予算の中心となる義務的経費である.

manifesto (政党などの)政策綱領

manipulation 巧妙な取り扱い, 操作
- manipulation of public opinion 世論操作.

March on Washington 《the ～》ワシントン大行進
仕事と自由を求めるワシントンへの行進. 首都ワシントンで1963年8月28日に行われた黒人への差別撤廃を求めるデモ行進. 20–30万人が参加したとされ, テレビ中継された最初のデモ行進でもあった. リンカーン記念館でマーティン・ルーサー・キング・ジュニア(Martin Luther King, Jr.)は, 有名な "I Have a Dream" の演説を行った. 1964年の公民権法および1965年の投票権法の成立に大きく寄与したとされる.

marked-up 形 (法案を委員会レベルで)修正した, 仕上げた

markup／mark-up マークアップ, 逐条審議, (法案の)最終煮詰め
作成された法案に対する修正を提案・検討する最終的仕上げ作業. マークアップに続いて, 本委員会(committee)に賛成の報告を行うべきか否かについての採決を行う. 賛成の報告が行われない場合, 法案は廃案となる.
- Almost all congressional committees do their most important work—deciding the final details of legislation—in secret; these are called "mark-up" sessions. 議会の委員会の最も大事な仕事, すなわち法案の詳細を決める作業は, ほとんどの場合非公開の会合で行う. これは「煮詰め会議」と呼ばれる.

Marshall, Thomas トーマス・マーシャル
Thomas Riley Marshall(1854–1925), ウィルソン政権の副大統領(民主党, 1913–21), インディアナ州出身.

Maryland メリーランド 《略》Md. (MD)
人口 約582万人(19位) 面積 32,133km²(42位) 加盟年 1788年4月28日(7番目) 州都 Annapolis(アナポリス) 都市 Baltimore(ボルチモア) モットー (イタリア語)Fatti maschii, parole femine (Manly deeds, womanly words; 男らしい行為, 女らしい言葉) 愛称 Old Line State(ベテラン兵士の州) 選挙人 10人

(18 位) 〔人種構成〕Ⓦ51.9 Ⓑ29.3 Ⓗ9.6 〔2016年〕Ⓡ34 Ⓓ60 〔2012年〕Ⓡ36 Ⓓ62 〔州議会〕GA 〔州上院〕SN 〔州下院〕HD 〔友好〕神奈川県.

Massachusetts マサチューセッツ〔略〕Mass. 〈MA〉

正式には State of Massachusetts ではなく Commonwealth of Massachusetts と呼ばれる 〔人口〕約658万人(14 位) 〔面積〕27,336km^2(44 位) 〔加盟年〕1788 年 2 月 6 日(6 番目) 〔州都〕Boston(ボストン) 〔モットー〕(ラテン語)Ense petit placidam sub libertate quietem (By the sword we seek peace, but peace only under liberty; 剣によりて平和を求むれど自由のもとにのみ平和なり) 〔愛称〕Bay State(湾の州) 〔大統領〕ジョン・アダムズ(2 代), ジョン・クインシー・アダムズ(6 代), ケネディ(35 代), ジョージ・H・W・ブッシュ(41 代) 〔選挙人〕11 人(14 位) 〔人種構成〕Ⓦ72.9 Ⓑ6.7 Ⓗ11.2 〔2016年〕Ⓡ33 Ⓓ60 〔2012年〕Ⓡ38 Ⓓ61 〔州議会〕GC 〔州上院〕SN 〔州下院〕HR 〔友好〕北海道.

Massachusetts ballot マサチューセッツ式投票用紙

オーストラリア式投票用紙(Australian ballot)の一種. 立候補する役職ごとに立候補者名がその所属政党名とともにアルファベット順に配列されている(cf. Indiana ballot; office-block ballot).

maverick 一匹狼→無所属政治家(neutral politician)

政治見解が他と異なり, 政党への忠誠を軽蔑し孤立している人. 米国では maverick でも必ずしもマイナスではない. 〔由来〕自分の牛に焼き印を押さなかったテキサス州の開拓者サミュエル・マベリック(Samuel A. Maverick, 1803–70)の名にちなむ.

♦Senator John McCain reinforced his reputation as a maverick when he voted to support a healthcare law that his Republican colleagues vehemently opposed. ジョン・マケイン上院議員は, 同僚の共和党員たちが激しく反対するヘルスケア法に賛成票を投じ, 異端者としての評判を確たるものにした.

McCarthyism マッカーシー主義, 極端な反共運動, 赤狩り

ジョセフ・マッカーシー(Joseph McCarthy)上院議員が非米活

動委員会の委員長として，1950年代前半に政府，民間の多くの人物や組織が共産党の強い影響を受けていると指弾，偏執狂的な反共運動を展開した(cf. House Un-American Activities Committee).

measure 法案

bill(法案)の意で使われることがある.

measured response 慎重な対応[態度]

計画された応酬，計画した反応，予定の反撃

- speedy and measured response to a disaster 災害に対する迅速かつ慎重な対応.

meat ax 图（財政削減などの）大なた；圏大胆な，大幅な

肉切り包丁の意から.

- meat ax cuts 大幅な削減(それに対して選択的削減は selective cuts)
- The budget negotiations were headed for an impasse with a key legislator to take a meat ax to spending. 予算交渉が窮境に向かい，大物議員が歳出に向けて大なたを振るうことになった.

Medal of Honor 《the ～》名誉勲章

軍人に授与される国家最高の勲章．正式名は Congressional Medal of Honor．戦闘員の犠牲的な殊勲に対し，議会の名において大統領が親授する.

Me Decade 《the ～》ミーの時代

自己中心主義の時代．米国の評論家トム・ウルフ(Tom Wolf)が論文で，1970年代の特徴として用いた言葉.

Medicaid メディケイド

貧困層や身体障害者に国と州が共同で給付する医療扶助.

Medicare メディケア

65歳以上の国民に対する政府管掌の医療保険制度．1965年発足．medical care の短縮形.

Meet the Press ミート・ザ・プレス

1947年から続いているNBCテレビの長寿報道番組. 週一回, 何人かのジャーナリストがパネル形式で政治家など話題の人物をインタビューする.

♦ It was once a big deal for a journalist or a politician to appear on Meet the Press. ジャーナリストや政治家がミート・ザ・プレスに出演できれば, かつては大したものだった.

megaphone メガホン, 拡声器

メガホンは「代弁者」の比喩.

♦ The news agency has been a megaphone for Trump's controversial views ever since he announced his candidacy. その通信社は, トランプ氏が立候補を表明して以来ずっと, 論議を呼ぶ彼の見解の拡声器となっていた.

Me Generation 《the 〜》ミージェネレーション

自己中心主義世代. 政治的・社会的活動に積極的に関わった1960年代の若者とは対象的で, 個人的な事柄だけにしか関心を払わない1970年代のアメリカの若者の特徴.

MEGO / My eyes glaze over. 目がどんよりかすむ

退屈なスピーチやブリーフィングを評する言い方.

member 議員

議員(Member of Congress)というよりむしろ, 下院議員(Member of the House)を指すことが多い.

Member of the House / Representative of the House
下院議員

下院議員は各州人口比例で配分され, 計435人, 2年ごとに全員改選.

mend one's fences 地盤固めをする

(連邦議会議員が次の選挙に備えて)選挙区の地盤を固める, 立て直す.

♦ They are at home mending their fences. 彼らは地元に戻り自己の地盤の立て直しをやっている.

message (大統領が議会に送る)メッセージ, 教書;(政党などの)

公式見解

- on［off］message　党の公式見解に沿って［従わずに］

♦ Vote for me, and send them a message that you're tired of politics that divide the country.　私に投票を，そして国家の分裂を深めるような政治にはうんざりしているというメッセージを，連中に突きつけてください．

#Me Too　ミートゥー運動

多数の名作映画の制作に関わった元大物プロデューサー，ハーベイ・ワインスタイン(Harvey Weinstein)の長年にわたる多くの女性への性的暴行を『ニューヨークタイムズ』紙が2017年に報じ，セクハラ行為への泣き寝入りを拒否するミートゥー運動の引き金となった(2020年2月ニューヨーク州裁の有罪評決が下された).　#はhashtagとよみ，SNSで多用される．

♦ The Me-Too Movement has gained tremendous visibility and support, as women began speaking out about sexual abuse they had also experienced.　女性たちが自らも経験した性的虐待について思い切って語り始めると，ミートゥー運動は多大な注目と支持を得ることになった．

me-too　形　追従的な，人まね的な

フィラデルフィア選出の共和党議員ヒュー・スコット(Hugh Scott, Jr.)の言葉(1949年)とされる．

me-tooer　人に追随してばかりいて自分の考えを持たない人

me-tooism　追従主義，模倣主義

自主性のない考え．

♦ Some Democrats complained that Eisenhower adopted a "me-tooism" strategy that mimicked their policies.　一部の民主党員はアイゼンハワー大統領が追従主義戦術を採り，民主党の政策を模倣していると不平を述べた．

Michigan　ミシガン　(略)Mich. (MI)

[人口] 約987万人(8位)　[面積] 250,494km^2(11位)　[加盟年] 1837年1月26日(26番目)　[州都] Lansing(ランシング)　[都市] Detroit(デトロイト) 〖モットー〗(ラテン語)Si quaeris peninsulam amoenam circumspice (If you seek a pleasant peninsula, look about you; 楽しき半島を求むるならば, 自らの周囲を見回せ) 〖愛称〗Wolverine State(クズリの州) 〖選挙人〗16 人(8 位) 〖人種構成〗Ⓦ 75.5 Ⓑ 13.7 Ⓗ 4.9 〖2016年〗Ⓡ 47 Ⓓ 47 〖2012年〗Ⓡ 45 Ⓓ 54 〖州議会〗L 〖州上院〗SN 〖州下院〗HR 〖友好〗滋賀県.

Mickey Mouse 当選間違いなしの立候補者

Middle America 米国中西部

米国の中産階級(特に中西部の保守的な層). 政治的には中道 (穏健派)で中所得階級に属し, 地理的には主に中西部諸州に位置する. 中道・中流のアメリカ人の総称(cf. Midwest).

middle-of-the-road 〖形〗中道の, 中庸の, 穏健派の

• a middle-of-the-road newspaper 不偏不党の新聞.

middle-of-the-roader 中立主義者, 中道派

midterm blues ミッドタームブルース

任期半ばの大統領に対する国民の不満を指す.

mid-term election 中間選挙

4 年ごとの大統領選挙の中間にあたる年の 11 月に行われ, 連邦上院の 3 分の 1(33–34 人), 連邦下院の全員(435 人)の選挙が実施される off-year election ともいう.

Midwest 《the ～》中西部

アパラチア山脈の東, オハイオ州, ミズーリ州, カンザス州以北の中央北部地域を指す.

military-industrial complex / MIC 軍産複合体

軍部・軍需産業界・議会との軍産複合体. 軍人であり産業界に知己が多いアイゼンハワー大統領が 1961 年 1 月の離任演説で, 軍産複合体がやがて米国の経済や外交政策を支配しかねないと警告し, 国民を驚かせた(cf. Iron Triangle; Eisenhower, Dwight).

Millionaires' Club 金持ちクラブ

♦ The Senate is sometimes called a "Millionaire's Club" because of the sheer number of wealthy senators. 上院は「金持ちクラブ」と呼ばれることがある．途方もない数の富裕議員が議席を占めているためだ．

Minnesota ミネソタ�’略〕Minn. (MN)

〔人口〕約 534 万人(21 位) 〔面積〕225,171km²(12 位) 〔加盟年〕1858年 5 月 11 日(32 番目) 〔州都〕St. Paul(セントポール) 〔都市〕Minneapolis(ミネアポリス) 〔モットー〕(フランス語)L'etoile du nord(The Star of the north; 北極星) 〔愛称〕North Star State(北極星の州); Gopher State(ジネズミの州) 〔選挙人〕10 人(18 位) 〔人種構成〕Ⓦ 80.8 Ⓑ 5.9 Ⓗ 5.2 〔2016年〕Ⓡ 45 Ⓓ 46 〔2012年〕Ⓡ 45 Ⓓ 53 〔州議会〕L 〔州上院〕SN 〔州下院〕HR.

minority マイノリティ

少数; 少数党, 少数派; 少数者集団.

minority leader 《the ～》少数派院内総務

少数政党の議員のまとめ役．少数党院内総務は自党の党員集会で選出され, 党の主要な代弁者, また戦略担当としての役割を果たす(cf. majority leader).

minority party (選挙や投票時の)少数派[党]

単に minority ともいう(cf. minority).

minority whip 少数党副院内総務

上院または下院の少数院内総務(minority leader)を補佐する議員(cf. whip).

Mississippi ミシシッピ〔略〕Miss. (MS)

〔人口〕約 297 万人(31 位) 〔面積〕125,434km²(32 位) 〔加盟年〕1817年 12 月 10 日(20 番目) 〔州都〕Jackson(ジャクソン) 〔モットー〕(ラテン語)Virtute et armis (By valor and arms; 勇気と武器によって) 〔愛称〕Magnolia State(モクレン州) 〔選挙人〕6 人(30 位) 〔人種構成〕Ⓦ 57 Ⓑ 37.5 Ⓗ 3 〔2016年〕Ⓡ 58 Ⓓ 40 〔2012年〕Ⓡ 55 Ⓓ 44 〔州議会〕L 〔州上院〕SN 〔州下院〕HR.

Missouri ミズーリ〔略〕Mo. (MO)

〔人口〕約 601 万人(18 位) 〔面積〕180,533km²(21 位) 〔加盟年〕1821

年 8 月 10 日(24 番目) [州都] Jefferson City(ジェファソンシティ) [都市] Kansas City(カンザスシティ) [モットー] (ラテン語) Salus populi suprema lex esto (Let the welfare of the people be the supreme law; 人々の福祉が最高の法) [愛称] Show-Me State(証拠を見るまで信じない州) [大統領] トルーマン(33 代) [選挙人] 10 人(18 位) [人種構成] Ⓦ 79.8 Ⓑ 11.5 Ⓗ 4 [2016年] Ⓡ 57 Ⓓ 38 [2012年] Ⓡ 54 Ⓓ 44 [州議会] GA [州上院] SN [州下院] HR [友好] 長野県.

moderate 穏健派の人, 中道派の人

Mondale, Walter ウォルター・モンデール

Walter Frederick Mondale(1928–), カーター政権の副大統領 (民主党, 1977–81), ミネソタ州出身, 1993–1996 年まで駐日米国大使を務める.

Montana モンタナ 《略》Mont. (MT)

[人口] 約 100 万人(44 位) [面積] 380,838km^2(4 位) [加盟年] 1889 年 11 月 8 日(41 番目) [州都] Helena(ヘレナ) [都市] Billings(ビリングス) [モットー] (スペイン語)Oro y plata (Gold and silver; 金と銀) [愛称] Treasure State(宝の州); Big Sky Country(大空の国) [選挙人] 3 人(44 位) [人種構成] Ⓦ 86.6 Ⓑ 0.4 Ⓗ 3.6 [2016年] Ⓡ 56 Ⓓ 36 [2012年] Ⓡ 55 Ⓓ 42 [州議会] L [州上院] SN [州下院] HR [友好] 熊本県.

Moral Majority 《the ～》道徳的多数派

1984 年の大統領選挙で目立った福音教会派(evangelist)と根本主義派(fundamentalist)を中心とするグループを指す. レーガン大統領再選の原動力となった超保守的政治勢力. 1992 年に解散.

morning in America アメリカの朝

楽観的な政治的メッセージ. 国の将来に関する根拠のない楽観主義を揶揄する場合にも使う《レーガン再選に向けた 1984 年のテレビコマーシャルに牧歌的な風景が登場し "It's morning in America." というメッセージが流されたことから》.

mossback 《軽蔑的に》極端な保守主義者, 時代遅れの頑固者

　[由来] あまりゆっくり歩いているので, 甲羅に苔が生えたという
　カメや, 大きくて動きの鈍い魚の呼び名から.

motor voter モーターボーター

　運転免許証を取得・更新するときに大統領選挙の投票登録も
　する人. また, このことを可能にした全米選挙登録法(National
　Voter Registration Act of 1993)の通称.

motor-voter bill モーターボーター法

　ドライバー投票者法, 選挙人登録簡易化法(1993 年).

　♦ Supporters praised the Motor Voter bill as an easy and inex-
　pensive way to increase the number of registered voters.
　モーターボーター法は選挙人登録者数を増やす容易かつ安上
　がりな方法だと, 支持者は称賛した.

Mount Rushmore ラシュモア山

　サウスダコタ州南西部のブラックヒルズにある山で, 偉大な 4
　人の大統領(ジョージ・ワシントン, トマス・ジェファーソン,
　セオドア・ルーズベルト, エイブラハム・リンカーン)をまつる
　べく 1927 年から 14 年をかけて巨大な頭像が山肌に刻まれた.
　ヒッチコック監督による映画 *North by Northwest*(『北北西に進
　路を取れ』, 1959 年)のラシュモア山麓での追跡シーンは有名.

mouthpiece マウスピース→弁護士などの代弁者

movers and shakers 実力者, 大物, お偉方

　(市・町の政治的・文化的分野での)有力者, オピニオン・リー
　ダー.

　♦ City council sought the support of community movers and
　shakers on an expensive building project. 市議会は多額の資
　金を要するビル建設プロジェクトを進めるにあたり, 地元の実
　力者の支援を求めた.

Mr. Clean ミスター・クリーン, 清廉の士

　汚職や腐敗にまみれていない倫理的・道徳的に正しい行動を
　する人物の典型. 特に政治家の場合に用いる《もとは洗剤の商

標》.

muckraker スキャンダルを暴く人[記者]

他人の名声を傷つけるためにスキャンダルをかぎ回り, 暴き立てる人. もともとは多様な改革運動が展開された20世紀初頭に, 政界・ビジネス界の不正や腐敗, 都市の貧困, 児童労働など, 当時の諸問題を詳細に調査・報告して, 改革への関心を喚起した一群のジャーナリストのこと.

- ◆Newspaper reporters have traditionally been the muckrakers who discovered and exposed government corruption and dishonesty. 伝統的に新聞記者は政府の腐敗や不正を見つけては世に暴いてきた.

mud-slinging/mudslinging 相手への攻撃, 中傷, 侮辱

(政治運動などの)人身攻撃, 中傷合戦, 泥仕合.

- ◆The mud-slinging is over, the election is done and the real task of governing must begin. 中傷合戦が終わり選挙も決着がついて, いよいよホンモノの政治の出番だ.

- ◆When it comes to mudslinging, Nixon was a cut above Douglas by calling her "pink lady." 中傷合戦にかけてはニクソンはダグラスより一枚上手で, 彼女を「アカがかった女」(共産主義のシンパ)呼ばわりをした.

mud-wrestle 動 泥仕合を行う

(政治における)泥仕合[中傷合戦]を行う. 由来 水着姿の女性が泥の中でレスリングを行う泥レス(mud wrestling)から.

- ◆The candidate ignored the name calling and negative remarks. "I'm not going to mud-wrestle with my opponent," he said. その候補者は中傷や敵対的な発言を黙殺し, 「対立候補と泥レスをやるつもりはない」と述べた.

mugwump 独自の立場[行動]をとる人; (政治的に)優柔不断な人物

自党の政策に束縛されず自由にふるまう党員; 無所属議員. 由来 インディアン語で首長という意味. 顔(mug)は一方を向

き, 背中(wump)は他方を向いている, すなわち, どっちつかず
であることを指す.

murder board マーダーボード, 殺人委員会

大統領が指名する役職候補者の名前を上院に上げる前に, その
人物を厳しく審査する審査委員会.

Muskie Act 《the 〜》マスキー法

1970 年の Clean Air Act(大気汚染防止法)の俗称. 提案者エド
マンド・マスキー(Edmund S. Muskie)上院議員の名から.

must-hire list 優先雇用者リスト

これまでの支援の見返りに政府内や政界に優先的に起用すべ
き人材のリスト.

♦ Tending to the President's must-hire list from the campaign
alone kept the personnel office busy for months. 大統領の選
挙中に支援してくれた人たちの中から優先起用人材リストが作
成され, それを検討するだけで人事局は何か月も忙殺される.

must list (実行が不可欠の)優先事項

利害関係者にとって所定の会期内に可決させなければならない
法案.

♦ The minority leader had three bills on a must list for this ses-
sion. 少数派の院内総務は今会期中の最優先事項として三つの
法案の可決を挙げた.

My eyes glaze over. ⇨ MEGO

N, n

NAACP ⇨ National Association for the Advancement of Colored People

Nader's Raiders ネイダー突撃隊

法廷闘争と圧力団体としての活動を通じ，広範囲の消費者保護運動を展開するラルフ・ネイダー(Ralph Nader, 1934–)に共鳴する弁護士，消費者運動活動家などのグループ.

name of the game 不可欠のもの，大切なもの

♦ "In politics the name of the game is money," said the unsuccessful candidate who lost a close race to his millionaire rival. 「政治に不可欠のものは金ですよ」，と大富豪との対立候補に接戦の末に敗れた候補者は語った.

NASCAR dad ナスカー・パパ

NASCAR(National Association for Stock Car Auto Racing: 全米自動車レース協会)のレース観戦を楽しむような父親，転じて白人の労働者階級の父親(a white, working-class father)の典型(cf. soccer mom).

♦ She is now arguing the party will never win the White House unless they begin to reach out to the massive voting group she has dubbed the NASCAR dads. ナスカー・パパと称する幅広い有権者層にきちんと対応しない限り，党は政権を奪えないと彼女は主張している.

National Association for the Advancement of Colored People／NAACP 《the ～》全国黒人地位向上協会

黒人の権利や福利を促進する組織. 1909 年に創設された合衆国でもっとも古い公民権組織.

National Conservative Political Action Committee／

NCPAC 《the 〜》全米保守政治行動委員会
「ニックパック」《反共・保守の政治家をワシントンに送り込む
ことを目的に 1975 年に創設された有力政治団体》.

national convention / National Convention 全国大会,
全国党大会
予備選挙で選出された各州の党代議員が集まり, 正副大統領候
補, 党政綱を決定する.

National Labor Relations Board / NLRB 《the 〜》全国労
働関係委員会
不当な労働行為を防ぐなど, 労使間紛争の調停にあたる政府の
一機関.

National Organization for Women / NOW 《the 〜》全国
女性機構
1960 年代の後半に創設されたフェミニスト(男女同権主義者)
の主要な組織. 創設者の一人が女性解放運動の中心人物であっ
たベティ・フリーダン(Betty Friedan).

National Public Radio / NPR 《the 〜》ナショナル・パブ
リック・レイディオ
2010 年から略語の NPR を正式名に変更. 非営利ラジオ放送局
のために番組を制作・配給する組織.

National Republican Campaign Committee / NRCC
《the 〜》共和党下院選挙委員会

National Republican Committee / NRC 《the 〜》全国共
和党委員会
選挙資金集めを最大の任務としている.

National Republican Senatorial Committee / NRSC
《the 〜》共和党上院選挙対策委員会

National Rifle Association / NRA 《the 〜》全国ライフル協
会
銃の個人所有権に関する政府の規制に反対し, 500 万人といわ
れる会員数と潤沢な資金を背景にして強力な院外圧力団体とし

て活動する組織. 2016 年の大統領選で 3000 万ドルを投じ，トランプの当選を支援した. NRA の支持者は「銃が人を殺すのではなく，人が人を殺すのだ」(Guns don't kill people, people do.)と主張する.

♦ The NRA-backed candidate opposed restrictions on gun sales and background checks, saying he would not relinquish the public's "God-given right to bear arms." 全国ライフル協会に支持された候補者は，銃の販売制限と身元確認に反対し，「神が与えたもうた銃所持の権利」を放棄しないと述べた.

National Security Council / NSC 《the 〜》国家安全保障会議

1947 年大統領府内に設置された国家安全保障に関する国内・外交・軍事政策について大統領に提言する機関.

National Voter Registration Act of 1993 《the 〜》全米選挙登録法

この法律により運転免許証を取得・更新する際に大統領選挙への投票登録が可能となった(cf. motor voter).

National Women's Political Caucus / NWPC 《the 〜》全米婦人政治連盟

Nay 反対《票決のときの返答》

反対投票[者]を指す.

• the yeas and nays 賛否(の数).

NCPAC ⇨ National Conservative Political Action Committee

Nebraska ネブラスカ 《略》Neb. (NE)

〔人口〕約 184 万人(38 位) 〔面積〕200,345km^2(16 位) 〔加盟年〕1867 年 3 月 1 日(37 番目) 〔州都〕Lincoln(リンカーン) 〔都市〕Omaha (オマハ) 〔モットー〕Equality Before the Law(法の前での平等) 〔愛称〕Cornhusker State(とうもろこしの皮むき人の州) 〔大統領〕フォード(38 代) 〔選挙人〕5 人(36 位) 〔人種構成〕Ⓦ 79.8 Ⓑ 4.6 Ⓗ 10.5 〔2016年〕Ⓡ 59 Ⓓ 34 〔2012年〕Ⓡ 60 Ⓓ 38 〔州議会〕L(一院制).

negative ad 中傷選挙宣伝, ネガティブコマーシャル

自分の政策を訴えるのではなく, 競争候補を中傷することによって自分が有利に立とうとする選挙戦術のための宣伝手法.

neo-conservatism 新保守主義

米国の軍事力を積極的に利用し, 自らの掲げる民主主義や自由を広めていこうとする考え方. 自由主義的改革を許容しながらも政府の巨大化に反対し, 大企業を優遇する保守主義.

neoconservative faction 新保守派, ネオコン 〈略 neo-con〉

nepotism 親族重用主義

(権力者が)親族を重要な地位に任命すること.

♦ Many have argued that nepotism was the primary reason that the president's daughter, Ivanka Trump, was appointed White House advisor. 大統領の娘イヴァンカ・トランプがホワイトハウスの顧問に任命された主たる理由は, 親族重用主義にあると多くの人が論じた.

♦ Corruption and nepotism remain rampant, regardless of party in power. 政権党であるか否かにかかわらず, 腐敗と親族重用主義が相も変わらず蔓延している.

nervous Nellie/nervous Nelly 臆病者

♦ Protesters called the state legislators "a bunch of nervous Nellies" for failing to address the important issue of pension funding reform. 抗議する人たちは, 年金基金という重要問題に触れなかった議員たちを「臆病者の集団」と呼んだ.

network news 全国ネットのニュース

ABC, CBS, NBC の米三大ネットワークの流すニュース.

Nevada ネバダ 〈略〉Nev. (NV)

〔人口〕 約 272 万人(35 位) 〔面積〕 286,351km^2(7 位) 〔加盟年〕 1864 年 10 月 31 日(36 番目) 〔州都〕 Carson City(カーソンシティ) 〔都市〕 Las Vegas(ラスベガス) 〔モットー〕 All for Our Country(すべてはわれらの国のために) 〔愛称〕 Silver State(銀の州); sagebrush state(ヤマヨモギの州) 〔選挙人〕6 人(30 位) 〔人種構成〕Ⓦ

50.5 Ⓑ 8.4 Ⓗ 28.2 [2016年] Ⓡ 48 Ⓓ 46 [2012年] Ⓡ 46 Ⓓ 52 [州議会] L [州上院] SN [州下院] A.

New Deal 《the 〜》ニューディール, 新規まき直し政策

1929 年に始まった大恐慌(Great Depression)の最中に登場した フランクリン・ルーズベルト大統領《民主党》が実施した一連の 大胆な不況克服, 経済再建政策の総称. テネシー川の流域開発 など公共事業を増やして雇用につなげた(cf. Roosevelt, Franklin).

new federalism/New Federalism ニュー・フェデラリズム, 新連邦主義

連邦政府の権限強化, 中央集権化という従来の傾向を逆転させ, 州への権限の大幅委譲, 福祉・公共事業の地方への移管を進め, 「小さな政府」を実現しようという主張.

New Frontier 《the 〜》ニューフロンティア政策

1960 年の大統領選挙でケネディが提唱した「新天地を開拓しよう」 という意味の新政策.「1961–63 年の Kennedy 政権の政策」の 意味でも用いられる(cf. Kennedy, John F.).

New Hampshire ニューハンプシャー 《略》N.H. (NH)

[人口] 約 132 万人(42 位) [面積] 24,216km^2(46 位) [加盟年] 1788 年 6 月 21 日(9 番目) [州都] Concord(コンコード) [都市] Manchester(マンチェスター) [モットー] Live Free or Die(自由に生きるか, さもなくば死を) [愛称] Granite State(花崗岩の州) [大統領] ピアース(14 代) [選挙人] 4 人(39 位) [人種構成] Ⓦ 90.9 Ⓑ 1.2 Ⓗ 3.4 [2016年] Ⓡ 46 Ⓓ 47 [2012年] Ⓡ 46 Ⓓ 52 [州議会] GC [州上院] SN [州下院] HR.

New Hampshire bounce ニューハンプシャー効果

全米で最初に行われる, ニューハンプシャー州の大統領予備選挙で 優位に立った候補の人気が一時的に上昇すること.

New Hampshire Primary ニューハンプシャー州予備選挙

全米で最初に行われる大統領予備選挙.

New Jersey ニュージャージー 《略》N.J. (NJ)

⟦人口⟧ 約 882 万人(11 位) ⟦面積⟧ 22,588km²(47 位) ⟦加盟年⟧ 1787 年 12 月 18 日(3 番目) ⟦州都⟧ Trenton(トレントン) ⟦都市⟧ Newark(ニューアーク) ⟦モットー⟧ Liberty and Prosperity(自由と繁栄) ⟦愛称⟧ Garden State(菜園の州) ⟦大統領⟧ クリーヴランド(22 代, 24 代) ⟦選挙人⟧ 14 人(11 位) ⟦人種構成⟧ Ⓦ 56.1 Ⓑ 12.7 Ⓗ 19.7 ⟦2016年⟧ Ⓡ 41 Ⓓ 55 ⟦2012年⟧ Ⓡ 41 Ⓓ 58 ⟦州議会⟧ L ⟦州上院⟧ SN ⟦州下院⟧ GA ⟦友好⟧ 福井県.

New Left 《the ～》新左翼, ニューレフト
政治・経済組織の徹底的改革を主張する, 主として大学生を中心とした若い人々よりなる 1960 年代の政治運動.

New Mexico ニューメキシコ ⟪略⟫N.M. (NM)
⟦人口⟧ 約 208 万人(36 位) ⟦面積⟧ 314,915km²(5 位) ⟦加盟年⟧ 1912 年 1 月 6 日(47 番目) ⟦州都⟧ Santa Fe(サンタフェ) ⟦都市⟧ Albuquerque(アルバカーキ) ⟦モットー⟧ (ラテン語)Crescit Eundo (It grows as it goes; 進むにつれて成長する) ⟦愛称⟧ Cactus State (サボテン州); Land of Enchantment(魅惑の国) ⟦選挙人⟧ 5 人(36 位) ⟦人種構成⟧ Ⓦ 38.2 Ⓑ 1.8 Ⓗ 48.2 ⟦2016年⟧ Ⓡ 40 Ⓓ 48 ⟦2012年⟧ Ⓡ 43 Ⓓ 53 ⟦州議会⟧ L ⟦州上院⟧ SN ⟦州下院⟧ HR.

new populism 新人民主義, ニューポピュリズム
カーター大統領の国民との対話スタイル. 蔑視して peanut populism ともいう⟪カーター大統領がかつてピーナッツ農場を経営していたことから⟫.

New Right 《the ～》ニュー・ライト, 新右翼
(新左翼や既成の保守主義に対抗し)新たな保守主義とナショナリズムを支持する政治運動.

New South 《the ～》ニューサウス
新南部. 知事時代のカーター(ジョージア州)からクリントン(アーカンソー州)に至るまでの面々が, 南部の経済的繁栄と人種差別撤廃を提唱した 1960 年代に始まる時代のスローガン.

New York ニューヨーク ⟪略⟫N.Y. (NY)
⟦人口⟧ 約 1946 万人(3 位) ⟦面積⟧ 141,299km²(27 位) ⟦加盟年⟧ 1788

年 7 月 26 日(11 番目) 〔州都〕Albany(オールバニー) 〔都市〕New York(ニューヨーク) 〔モットー〕(ラテン語)Excelsior (Ever upward; 絶えず向上せよ) 〔愛称〕Empire State(帝王州) 〔大統領〕ヴァン・ビューレン(8 代), フィルモア(13 代), セオドア・ルーズベルト(26 代), フランクリン・ルーズベルト(32 代), トランプ(45 代) 〔選挙人〕29 人(3 位) 〔人種構成〕Ⓦ 55.9 Ⓑ 14.4 Ⓗ 18.8 〔2016年〕Ⓡ 37 Ⓓ 59 〔2012年〕Ⓡ 35 Ⓓ 63 〔州議会〕L 〔州上院〕SN 〔州下院〕A.

nimby/NIMBY ニンビー

〔頭字語〕not in my backyard. 原発・ゴミ処理場・刑務所など公共的見地からは必要だが, 地域の環境にとって好ましくないものが近所に建設されるのは反対という人.

Nine Old Men 《the ～》最高裁判事

最高裁(U.S. Supreme Court)は 9 人の判事からなる. 奇数になっているのは評決が同数(even)にならないようにするため. 最高裁長官(Chief Justice of the United States)は 1 月 20 日の大統領就任式のとき, 大統領宣誓に立会う.

Nineteenth Amendment 憲法修正第 19 条

1920 年に成立した修正条文で, 女性に選挙権を保障したもの.

Nixon Doctrine 《the ～》ニクソンドクトリン

1970 年 2 月にニクソン大統領が議会への教書で明らかにした平和への新戦略. 中心概念は米国の同盟国が自助の精神をもって国家運営と国防を担い, 米国の負担軽減を求めることにあった.

Nixon, Richard リチャード・ニクソン

Richard Milhous Nixon(1913–94), 第 37 代大統領(共和党, 1969–74), アイゼンハワー政権の副大統領(1953–61), カリフォルニア州出身. 1960 年共和党大統領候補としてケネディと争い敗れるが, 1968 年にはヒューバート・ハンフリー(Hubert Humphrey)を抑えて大統領に選出された. 1973 年にはベトナム戦争停戦を実現する. 1974 年ウォーターゲート事件のため辞任.

NLRB ⇨ National Labor Relations Board

No comment. コメントを拒否する

（報道陣などに対して）ノーコメント，何も答えたくありません．

no-holds-barred 形 限度をかえりみない，禁じ手なしの

hold はレスリング用語で相手をつかむ方法．

♦ The Speaker of the House leveled a no-holds-barred attack on the administration. 下院議長は遠慮会釈なく政府を攻撃した．

nominee 公認候補

noncandidate 出馬未公表候補者

立候補が話題にされているのに，土壇場まで出馬を認めようとしない候補者．

noncommitted 形 （投票者などが）態度を表明していない，態度保留の

No new taxes. 増税はしない

1988 年の共和党大統領候補受諾演説でジョージ・H・W・ブッシュが言った言葉．"Read my lips."（私はうそは言わない）と言いながら，1990 年には増税を決めた（cf. Read my lips.）．

nonpartisan 形 党派に属さない，無所属の （cf. bipartisan）

• nonpartisan diplomacy　超党派外交．

nonrunner 非出馬政治家

大統領選挙などで下馬評に上がりながら出馬表明をしていない有力政治家をいうときなどに使われる．

North Carolina ノースカロライナ （略）N.C. （NC）

人口 約 965 万人（10 位）　面積 139,389km²（28 位）　加盟年 1789 年 11 月 21 日（12 番目）　州都 Raleigh（ローリー）　都市 Charlotte（シャーロット）　モットー （ラテン語）Esse quam videri （To be, rather than to seem；外見よりも実体を）　愛称 Tarheel State（タールヒール州）　大統領 ポーク（11 代），アンドルー・ジョンソン（17 代）　選挙人 15 人（10 位）　人種構成 Ⓦ 63.6 Ⓑ 21.2 Ⓗ 9.1　2016年 Ⓡ 50 Ⓓ 46　2012年 Ⓡ 50 Ⓓ 48　州議会 GA　州上院 SN

州下院 HR.

North Dakota ノースダコタ 《略》N.D. (ND)

人口 約68万人(48位)　面積 183,112km²(19位)　加盟年 1889年11月2日(39番目)　州都 Bismarck(ビスマーク)　都市 Fargo(ファーゴ)　モットー Liberty and Union, Now and Forever, One and Inseparable(自由と団結，今と永遠に，ひとつとして分かつことなし)　愛称 Sioux State(スー族の州); Flickertail State(リスの尾州)　選挙人 3人(44位)　人種構成 Ⓦ 85.7 Ⓑ 2.3 Ⓗ 3.3　2016年 Ⓡ 63 Ⓓ 27　2012年 Ⓡ 58 Ⓓ 39　州議会 LA　州上院 SN　州下院 HR.

nosecount／nose count 多数決; 人口調査; 支持者の票読み
- nose counter　人口調査員.

NOW ⇨ National Organization for Women

no-win situation 勝ち目のない事態

絶対的に不利な状況.

♦ In this day and age, most political candidates find themselves in a no-win situation when it comes to pleasing all of their constituents. 今の時代にすべての有権者を満足させるすべはないと大半の立候補者は認識している.

NPR ⇨ National Public Radio

NRA ⇨ National Rifle Association

NRC ⇨ National Republican Committee

NRCC ⇨ National Republican Campaign Committee

NSC ⇨ National Security Council

nuclear football／Nuclear Football 《the ～》核のフットボール

大統領が司令部を離れている時でも，核攻撃の許可を出せる道具が入った黒いブリーフケースを指す.

nuclear option 核の選択

核兵器を使う選択肢; 究極の手，最後の手段(a last resort)の意で用いられる.

♦ Senate Majority Leader Harry Reid decided it was time to take the nuclear option and change the rules on approving federal judges. 上院のハリー・リード院内総務は，今こそ連邦判事承認規則の変更のために究極の手段をとるべきと決意した．

O, o

oath of office 就任宣誓

大統領など高位の官職に就任する際には宣誓するのが習わし.

- take [make] an oath of office 就任宣誓をする.

Obama, Barack バラク・オバマ

Barack Hussein Obama, Jr.(1961–), 第 44 代大統領(民主党, 2009–2017), ハワイ州出身. 非白人として初の大統領に就任. 医療保険制度の改革と環境政策を重視し, キューバとの国交を樹立した. 2009 年にノーベル平和賞を受賞.

Obamacare / Affordable Care Act 《the 〜》オバマケア, 医療保険制度改革法

オバマが 2008 年大統領選挙で公約として掲げた医療保険制度改革. オバマが大統領に就任し, 上下両院で民主党が優位となった議会を通過し, 2010 年 3 月に大統領が署名して成立. 完全実施は 2014 年以降.

obstruction / obstructionism 議事妨害

October surprise オクトーバー・サプライズ, 10 月の奇襲

11 月の大統領選挙直前に不意打ち的な手を打つこと. 選挙の結果を左右しかねない予期せぬ事件や出来事.

- The October surprise came right before the election—the FBI announced the candidate's arrest on bribery charges.
「10 月の奇襲」が選挙直前にやってきた. 候補者が贈収賄容疑で逮捕されたと FBI が発表したのだ.

off-budget 形 通常の予算に含まれていない

office-block ballot 公職[役職]別投票用紙

選ばれる役職ごとに立候補者名をまとめて列記した投票用紙.

Office of Management and Budget / OMB 《the 〜》行政

管理予算局

連邦予算の編成，監査，統計調査を担当する大統領直轄機関の一つ．

officialese 難解なお役所言葉

off-message 〔形〕（政治家が）党の公式路線［政策］からはずれた

off-off election year 大統領選挙も連邦議員選挙もない年

off the record オフレコで

記者会見や記者への説明で，いかなる形であれその内容を他に伝えることができないとの了解で行われる発言(cf. on the record).

♦ We have your official statement, Senator, but off the record, who do you think will be elected President? 公式声明はお伺いしましたが，上院議員殿，非公式に申しまして，誰が大統領に選ばれるとお考えですか．

off the reservation 枠からはみ出した

自党の候補者の支持を拒んで．もとは「アメリカ先住民が保護地区を離れて」を意味する(cf. on the reservation).

off year （大統領選挙など）大きな選挙のない年

off-year election 中間選挙

4年ごとの大統領選挙の年から2年目に行われる選挙．上院議員の3分の1，下院議員の全員，過半数の州知事が選出される．mid-term election ともいう．

Ohio オハイオ 《略》Ohio (OH)

〔人口〕約1154万人(7位) 〔面積〕116,096km^2(34位) 〔加盟年〕1803年3月1日(17番目) 〔州都〕Columbus(コロンバス) 〔モットー〕With God, All Things Are Possible(神と共なれば，何事も可能) 〔愛称〕Buckeye State(トチノキ州) 〔大統領〕ユグラント(18代)，ヘイズ(19代)，ガーフィールド(20代)，ベンジャミン・ハリソン(23代)，マッキンリー(25代)，タフト(27代)，ハーディング(29代) 〔選挙人〕18人(7位) 〔人種構成〕Ⓦ79.6 Ⓑ12.1 Ⓗ3.6 〔2016年〕Ⓡ51 Ⓓ43 〔2012年〕Ⓡ48 Ⓓ51 〔州議会〕GA 〔州上院〕SN

〔州下院〕HR 〔友好〕埼玉県.

oilie オイリー

石油業界の利害を代表するロビイスト.

Oklahoma オクラホマ 《略》Okla. (OK)

〔人口〕約 379 万人(28 位) 〔面積〕181,035km^2(20 位) 〔加盟年〕1907 年 11 月 16 日(46 番目) 〔州都〕Oklahoma City(オクラホマシティ) 〔モットー〕(ラテン語)Labor omnia vincit (Labor conquers all things; 労働はすべてに打ち克つ) 〔愛称〕Sooner State(早い者勝ちの州) 〔選挙人〕7 人(27 位) 〔人種構成〕Ⓦ 66.5 Ⓑ 7.2 Ⓗ 10.1 〔2016年〕Ⓡ 65 Ⓓ 29 〔2012年〕Ⓡ 67 Ⓓ 33 〔州議会〕L 〔州上院〕SN 〔州下院〕HR 〔友好〕京都府.

old bull 《the ～》保守派

(政党などの)保守派, 古い意見をもつ人(たち).

old fog(e)y 旧弊な人

old guard / Old Guard (政党などの)(最)保守派, 反動派

本来はナポレオンの親衛隊を指し, 後に強硬かつ反動的な政治勢力の代名詞として用いられる.

◆The conservative Old Guard Republicans began fleeing their party in the wake of Donald Trump's election. 保守派の昔ながらの共和党員は, ドナルド・トランプの当選が決まるや否や党から逃げ出した.

Old Left 《the ～》旧左翼

新左翼から見た, もともと存在した左翼に対する呼称. 新左翼は「もはや左翼ではなくなった」という, やや侮蔑的な意味を込めて用いる.

old man 《the ～》ボスとしての大統領

◆"This policy is nowhere near ready to share with the old man," the chief of staff scolded the under-secretary. 「この政策は大統領と共有するに値しない」と首席補佐官は次官を叱責した.

OMB ⇨ Office of Management and Budget

ombudsman オンブズマン

omnibus bill 一括法案

2つ以上の全く異なった事項を含んだ法律(legislation)の議案をいう.

on background オン・バックグラウンドで

ジャーナリズム用語. 国務省など官庁が情報の内容を公表してもいいが, 情報提供者の名前は公表しないという条件で行われる記者会見.

one-house bill 両院で可決される見込みのない法案

可決する可能性はないが, 議員がスタンドプレー的に, あるいは選挙公約の実現に尽力していることを示すために提出される法案.

- ♦ The House of Representatives—dominated by Democrats—approved the one-house bill expanding gun sales restrictions, knowing it had little chance of success in the Senate. 民主党が多数を占める下院は, 上院で可決される可能性はまずないと知りつつも, ある議員が提案した銃販売の制限拡大法案を承認した.

one-house veto 一院拒否権

executives (知事, 大統領など)の採決に対して不満の場合, 上院ないしは下院, どちらか一方の拒否で無効にすることができるという権利が与えられている. その法律上の規定をone-house vetoと呼ぶ.

one-idea party ただ1つの問題に関わる党

one minute speech 1分間スピーチ

下院議員が毎朝, 公務に入る前に1分間に限って任意のテーマで行う談話.

one-percenter ワンパーセンター

米国全体の富を独占する1%の人たち, 一握りの特権階級.

- ♦ Activists argued that the "one-percenters"—who already control a major share of the nation's wealth—benefited disproportionately from the tax cuts that became law in 2018. すでに米国全体の富の大半を占める「ワンパーセンター」が, 2018年に法制化された減税の結果, 不釣り合いな利益を得ていると活動家は主張した.

one-term president 4年一期限りの大統領

4年一期のみ務め再選されない大統領.

♦ Senate Majority Leader Mitch McConnell, a Republican who has served in Congress nearly three decades, vowed to make Barack Obama "a one-term president" and deny him a second four-year term of office. 30年近く共和党議員を務めるミッチ・マコーネル上院院内総務は, バラク・オバマは一期限りの大統領であって, さらに二期目4年を務めることはさせないと断言した.

on-message 形 党の公式見解に沿った

on the fence どっちつかずの態度で, 中立の

♦ The congresswoman was still on the fence on gun control, even though her party leaders were pressuring for her support. 党の指導者は銃規制について議員の支持を迫ったが, 彼女はいまだにどっちつかずの姿勢を見せた.

on the front burner 最優先事項で, 最重要で

関連語 on the back burner 二の次にされる (cf. back burner).

on the record オンザレコードの, オンレコの

記者会見などで発言者の氏名, 職名を明記し, 発言内容も直接引用できるものをいう (cf. off the record).

on the reservation 束縛されたままの

特定政党[政治グループ]にとどまったままで (cf. off the reservation).

open convention オープンコンベンション

代議員が自由に自分の選んだ候補に投票できる党大会 (cf. brokered convention).

open primary 開放予備選挙

党加入の有無に関わらず，投票者が参加できる直接予備選挙の形態．投票者は党への加入を公に宣告する必要はないが，複数の党の予備選挙で投票することはできない．この反対が制限予備選挙(closed primary)で，この場合は党に登録した党員のみが投票を許される(cf. closed primary)．

open seat 新人同士の争い

opportunist 名 日和見主義者; 形 日和見主義の

opposition research 政治的ライバルに関わるネガティブ情報の収集

- ♦Admittedly, much of what one "knows" about candidates comes from opposition research. 我々がある候補者について知るたいていの情報は，政治的ライバルについて調査したネガティブ情報に由来していることは明らかだ．

"Order!" 「静粛に」

中断していた会議を議長が再開する際に発する合図の言葉．

Oregon オレゴン 〈略〉Ore. (OR)

人口 約387万人(27位) 面積 254,805km^2(9位) 加盟年 1859年2月14日(33番目) 州都 Salem(セーレム) 都市 Portland (ポートランド) モットー (ラテン語)Alis volat propriis (She flies with her own wings; 彼女は自分自身の翼で飛ぶ) 愛称 Beaver State(ビーバー州) 選挙人 7人(27位) 人種構成 Ⓦ 76.5 Ⓑ 1.8 Ⓗ 12.7 2016年 Ⓡ 39 Ⓓ 50 2012年 Ⓡ 42 Ⓓ 54 州議会 LA 州上院 SN 州下院 HR 友好 富山県．

other body 《the ～》他院

あちらさん《上院[下院]議員にとっての下院[上院]》．

other end of Pennsylvania Avenue 《the ～》ペンシルベニア通りの向こう端

議会とホワイトハウスがお互いを呼ぶときの言葉．Pennsylvania Avenue は連邦議会議事堂とホワイトハウスを結ぶ道路(cf. Pennsylvania Avenue)．

- ♦The president half-joked to the reporter that she should go ask the congressmen at the other end of Pennsylvania Avenue about the fate of the budget. 予算審議の結末については，彼女がペンシルベニア通りの向こう側の議員に聞いたらいいと，冗談まじりに大統領は記者に語った．

outlays 出費，支出

♦ Social Security outlays increased eight percent over the previous fiscal year. 社会保障費の支出は前会計年度に比べ 8 パーセント以上増加した．

out of the loop 中枢部からはずれて，事情に疎くて

♦ The surest sign of the aide's demise was his coworkers' successful efforts to keep him out of the loop. 同僚たちが彼を努めて蚊帳の外に置いたので，結果的に側近がその地位を失うことになった．

out of the running 立候補を取りやめて，勝つ見込みがなくて

♦ He was out of the running in the Congressional race. 彼は連邦議会議員選挙に立候補しなかった．

outside the Beltway ベルトウェイ[環状線]の外側の

ワシントンの特権階級の世界の外では；連邦政府内やワシントンの政界以外では；中央政界を離れると(cf. inside the Beltway; Beltway).

outyear 後続会計年度

現行会計年度以降の会計年度．複数で使われることが多い．

Oval Office 《the ～》大統領執務室

比喩的にアメリカ大統領の職務地位，米国政府そのものを指すことがある．[由来] 卵形[楕円形](oval)の執務室であるところから．

♦ The President's top aides came into the Oval Office to give a last-minute briefing. 大統領への最終的な説明のため，側近たちが執務室に入ってきた．

over a barrel 人の意のままになって

妥協したり敗北を認めざるを得ないような不利な状況にあるこ

と.

♦Reformers had the senator over a barrel when they published evidence that he was taking bribes. その上院議員が賄賂を受け取っている証拠を公表し, 改革派は彼を窮地に追い込んだ.

override 動乗り越える, 優位に立つ, 優先する, 無効にする, 覆す; 名無効にすること

(議会が大統領・州知事の拒否権行使を)覆すこと.

♦Congress overrode the president's veto. 議会は大統領の拒否権を覆した.

overseas ballot 在外投票

oversight[1] 監視, 監督

● under the oversight of ... …の監督の下に

♦The committee has oversight powers on the program. この計画に対しては委員会が監督権をもつ.

oversight[2] 見過ごし, 不注意

「誤り, 間違い, ミス」の保身的な言い換え.

● by [through] an oversight 誤って, うっかり

♦It was called an "oversight" in the drafting process, but millions of people had higher tax bills because the legislation was rushed through without proper vetting or review. 草案作りの段階で起きた誤りというが, 最終的なチェックや見直しもしっかり行わずに法案の可決を急ぎ, 何百万人もの人々が過剰な納税通知を受け取る結果になった.

P, p

PAC / PACS ⇨ Political Action Committee

pack journalism パック・ジャーナリズム

本来の報道の目的を忘れてスキャンダルを嗅ぎまわり，その報道競争に血道を上げるが，取材源が同じであるため，その報道内容は画一的になりやすい．

♦ There are problems and pitfalls inherent in pack journalism. パック・ジャーナリズムのような画一報道には問題と落とし穴が内在している．

packwood 動 特定の問題に対する自分の政治的立場・主張を極端に変更する

政治的立場をしばしば変更したボブ・パックウッド(Bob Packwood, 1932–)上院議員の名にちなむ．

pair off with (議会で反対党の一人と)申し合わせて採決に加わらない

♦ He paired off with Congressman Peters in the vote.　彼はピーターズ議員と申し合わせてその採決に加わらなかった．

palace guard (要人などの)側近

paleo-conservative 超保守主義者，伝統的な道徳的価値観を尊重する人

伝統的な道徳的価値を重んじ，政府の干渉に反対する極右的な保守主義者．《略》paleo-con.

panda-hugger 親中派，パンダを抱擁(hug)する人

親中国派．米中関係の報道にしばしば登場する．

paper pusher 官僚，官吏

役所の下級事務職員．

♦ Many citizens believe that government bureaucrats are useless paper pushers who accomplish nothing, but in truth they are dedicated career servants. 政府の役人は役立たずと考えている市民が多いが，実際は献身的に仕事をするキャリア公務員なのだ．

paramount issue 最重要課題

事の重要性を努めて強調する言葉．

- of paramount importance 最も重要な．

park bench orator 公園ベンチの雄弁家

公のことについてよく発言する人のたとえ．

parliamentarian 議事運営専門家

連邦議会で，下院または上院の規則や手続きに精通し，適切な委員会への法案付託など幹部議員による議会手続きを補佐する職員．

parlor pink 思想上だけ左がかかった人

口先だけ急進的で行動に出ない社会主義者，談論リベラリスト，口舌左翼，《俗》サロン的進歩派．parlor（客間→お上品にかまえて実行しない）より．

partisan 形 党派心の強い（cf. nonpartisan; bipartisan）

- a partisan spirit 党派心，党派根性．

party-column ballot インディアナ式投票用紙

候補者名が政党別に記入してある投票用紙（cf. Indiana ballot）．

party election breakfast / PEB 選挙運動期間の政見放送

party faithful 《the 〜》特定の党やその主義に長年きわめて忠実な支持者たち，岩盤支持層

- The party faithful stood behind the president, despite his involvement in numerous scandals. 数々のスキャンダルに関わっていた大統領といえども，党に忠実な支持者たちは彼の後押しをした．

partyism 党派心

- one-partyism 一政党主義．

party line 党の方針

政党の政治路線, 党路線

- toe a party line without protest 党の政綱に文句を言わずに従う.

party list 政党名簿

- the party list system 名簿方式《個々の候補者ではなく政党に投票する選挙方法》.

patronage 官職の任命権

政治指導者が自分の派閥のメンバーや有力な支援者に地位・利権・名誉などを与えること.

pay equalization 賃金・給与の平等化

賃上げの婉曲語句.

Pay Raise Amendment 《the ～》議員給与引き上げ修正条項

米国憲法修正第27条. 連邦議員の給与引き上げは, その法案が成立した後に行われる選挙を待たなければ実施されないとするもの. 1789年に起草され1992年に成立.

peace dividend 平和の配当

平和の配当(金). 冷戦終結・軍縮により浮いた国防予算を社会保障などに割り当てること.

- ◆Now that the Iraq War has ended, legislators claimed the money that once went toward the purchase of bombers could be available as a peace dividend for domestic spending. イラク戦争が終結した今, かつて爆撃機の購入に充てられていた資金は, 平和の配当として国内の使途に向けられるのではないかと, 議員たちは主張した.

peace dove ハト派議員

peacenik 《軽蔑的に》平和運動屋, 反戦デモ屋

peanut populism ピーナッツ人民主義 (cf. new populism)

pecking order (鳥の)つつき順位

組織の地位や金など実力中心の人間関係の意味に用いられる. 由来 鳥が餌をつつく場合, その順番が決まっていることから.

- ◆He was bypassed in the foreign-policy pecking order. 彼は外

交政策上の序列から外された.

Pence, Mike マイク・ペンス

Michael Richard Pence(1959–), トランプ政権の副大統領(共和党, 2017–), インディアナ州出身.

Pennsylvania ペンシルベニア ⟪略⟫Penn. ⟪PA⟫

正式には State of Pennsylvania ではなく Commonwealth of Pennsylvania と呼ばれる　人口 約 1274 万人(6 位)　面積 119,283km²(33 位)　加盟年 1787 年 12 月 12 日(2 番目)　州都 Harrisburg(ハリスバーグ)　都市 Philadelphia(フィラデルフィア)　モットー Virtue, Liberty and Independence(美徳, 自由, そして独立)　愛称 Keystone State(要石の州)　大統領 ブキャナン(15 代)　選挙人 20 人(5 位)　人種構成 Ⓦ 77.3 Ⓑ 10.6 Ⓗ 6.8　2016年 Ⓡ 48 Ⓓ 47　2012年 Ⓡ 47 Ⓓ 52　州議会 GA　州上院 SN　州下院 HR.

Pennsylvania Avenue ペンシルベニア通り

Washington, D.C. のメインストリート. 議会から 1600 番地までの約 2km は, 大統領の就任祝賀パレードのルート(cf. other end of Pennsylvania Avenue).

Pentagon ⟪the 〜⟫ペンタゴン⟪五角形の建物⟫

ワシントン D.C. 郊外バージニア州アーリントンにある国防(総)省・米軍当局の俗称. 1941 年から 43 年まで 3 年がかりで建てられた. この用語はしばしば,「国防(総)省」や「軍部」という意味で使われる.

- ◆The Pentagon agreed today to submit the modified weapons plan to the president. 今日ペンタゴンは, 兵器計画の修正案を大統領に提出することに同意した.

Pentagon Papers ⟪the 〜⟫国防総省秘密報告書, ペンタゴン文書[ペーパーズ]

1945–68 年の米国のインドシナ介入に関する極秘文書. 元国防(総)省職員のダニエル・エルズバーグ(Dr. Daniel Ellsberg)が開示, 1971 年『ニューヨークタイムズ』紙に掲載された.

perennial candidate 万年候補

perjury 偽証罪.

perks 利得, 特権

　地位や仕事から偶発的に生じる利益; 役得. perquisite の短縮語.

peroration 《文》演説などの締めくくり, 大げさな演説

- He returned to the theme again and again in his two-hour peroration. 2 時間にわたる長い演説の間, 彼は何度もそのテーマに立ち戻った.

petition 《法律》(裁判所に対する)申立て, 請願, 上訴, 上申

pet project 長年暖めてきた計画[企画], 持論

- The congressman argued strongly for additional funding for his pet project—expanding the size of a nearby national park. その議員は自身が長年にわたって関わってきた, 近隣の国立公園の拡張計画に対する追加投資を強く訴えた.

phase in 段階的に導入する

phase out 段階的に廃止[撤廃]する

photo opportunity / photo op 写真撮影だけの記者会見

　(政府高官や有名人との)写真撮影時間の割りふり.

- an Oval Office photo opportunity with the American president アメリカ大統領との執務室における写真撮影.

phrasemaker 名言家, 美辞麗句を連ねる人

piggyback [動] 《比喩的に》便乗する[させる]

　すでに助成金が充てられている事業にさらなる資金援助をする. [由来] piggyback とは貨物をトレーラー・コンテナに積載したまま貨車で輸送する方式を指す.

- to piggyback a tax-cut rider onto important legislation　重要法案に減税条項を便乗させる.

pink 左翼がかかった人

plank (選挙の際に掲げる)政党綱領の項目 (cf. platform)

- At the political convention, they fought for a plank supporting

a nuclear freeze. 彼らは党大会で党の政党綱領に核開発凍結
の方針を加えるべく支持を強く訴えた.

platform　政党の政策綱領

政党や候補者の原則や方針を示す文書. 政党の政策綱領はふつ
う, 大統領選挙中に党大会で委員会により詳しく説明される.

plausible deniability　否定論拠

説得力のある[一見もっともらしい]反証[否定論拠]. deniabili-
ty とは, たとえば政治的なスキャンダルなどについて, 知って
いることを知らないと政府高官などが否定できる能力または権
利のことをいう.

* "The congressman was taking a European vacation. How
  could this man give a bribe?" the lawyer said. "He can plausi-
  bly deny these charges regarding his alleged participation."
  「議員はヨーロッパで休暇中だった. そもそもこの人が賄賂を
  贈ることができるだろうか」と弁護士が言った.「確たる証拠も
  ないのにこの事件への関与について非難されている議員だが,
  彼にはしっかりとした否定論拠がある」.

play hardball　強硬手段をとる

* She is playing hardball in a world dominated by men 20 years
  her senior. 彼女は20歳も年長の男性議員たちが支配する世
  界で真剣勝負をしている.

play in Peoria　平均的なアメリカ人に受け入れられる[適用さ
れる]

Peoria はイリノイ州中北部の人口約11万の都市. 米国の平均
的な政治風土をもつ伝統的白人社会とみなされ, ニクソン大統
領はよく "Will it play in Peoria?"(そいつはピオリアではうま
くいくだろうか)と言ったと伝えられる.

* If the message of additional tax cuts will play in Peoria, it will
  be accepted anywhere in the country. 追加減税案がピオリア
  で受け入れられるなら, アメリカ全国どこでも同様であろう.

play politics　策を弄する, 党利本位に行動する, 私利をはかる

- They are not making reasonable decisions. They're playing politics. 彼らが出す結論は妥当ではない．党利党略しか彼らの頭にはない．
- "The President did nothing wrong," a key Republican said, accusing the Democrats of playing politics with the impeachment process. 「大統領は何も誤ったことはしていない」と共和党の大物議員は述べ，弾劾の過程で民主党は党利党略で動いているだけだと非難した．

play to the gallery　俗受けを狙う

- The congressman has support for his ideas because he always plays to the gallery. いつも大衆受けを狙っているので，その議員の考え方は支持される．

pledged delegate　誓約代議員

代議員予備選挙や党員集会の結果から，党大会で誰に投票するか決められている代議員(cf. super delegate)．

Pledge of Allegiance　《the ～》忠誠の誓い

「国旗への誓い」とも呼ばれる．アメリカの愛国的な誓約で，学校の教室や，新しい市民を対象とする独立記念日の儀式など，多くの政府の公式行事で暗唱される．

- I pledge allegiance to the Flag of the United States of America, and to the Republic for which it stands, one Nation under God, indivisible, with liberty and justice for all. 私はアメリカ合衆国の国旗と，その国旗が象徴する共和国，神の下に一つとなって分かたれず，すべての人に自由と正義が約束された国に，忠誠を誓います．

plum　役得

選挙運動などの褒賞として与えられる地位や仕事．

- He demanded an explanation for plum jobs given by the government to relatives of the governor. 彼は州政府が知事の親族を人がうらやむ良い役職につけたことについて釈明を要求した．

plumber （政府機密漏洩防止を任務とする）特別調査官，「鉛管工」

特にニクソン政権でそうした仕事に従事した人（plumbers unit）を指す．

◆Nixon resigned as president in 1974 for his role in a cover-up of illegal activities by so-called "plumbers" to help his re-election campaign. ニクソンは彼の再選運動を支援した，いわゆる「鉛管工」による違法行為を隠ぺいした疑いで，1974年大統領を辞任した．

Plum Book 《the ～》プラムブック，連邦政府任命職［ポスト］一覧

大統領が任命する連邦政府役職のすべてを扱った政府刊行物．次期大統領の政権での職を希望する人が参考にする重要な刊行物．

pluralism 多元主義，多元的民主主義

一つの社会に宗教，民族，政治信条などの異なる集団が共存していること，またはそのような状況を奨励すること．諸集団の競合こそが，民主主義的な政治システムの維持を可能にすると考えられている．

plurality 多数，過半数；（票の）相対多数

選挙において3名以上の候補のうち1人が過半数には達しないが最大の票を得ること．

plutocracy 金権政治；金権国家［社会］

◆Citing changes in U.S. tax laws that favor the wealthy, many demonstrators charge that the U.S. is a plutocracy—ruled by the rich, for the rich. 金持ちに有利な税法改正を引き合いに出して，デモ隊の多数はアメリカは金持ちが支配する，金持ちのための金権国家だと非難している．

pocketbook 財布，資力

- a pocketbook issue　経済に影響を及ぼす問題
- hit one's pocketbook　人の財布にひびく

◆How does the new tax law hit the grassroots' pocketbook? 新しい税法が大衆の財布にどうひびくのだろうか.

pocket veto ポケット・ヴィートー, 議案拒否権, 自動的拒否権行使

大統領は議会から送付された法案を拒否するときには, 10日以内に拒否理由を付して, その法案を発議した議院へ還付しなければならない. ただし, 連邦議会が休会中で法案を還付できないときには, 大統領の拒否意思がそのまま確定する. この制度をポケット・ヴィートー(ポケットに入れたまま法案を握りつぶす)という.

podium 発言台

point man 代表交渉人, 交渉の窓口

point of order 議事進行上の問題についての異議

議事手続きにのっとって正しく行われているか, 議院法規(rules of order)にかなっているかに関する問題提起.

● on a point of order (しかるべき)議事手続きにのっとって[の遵守を求めて]

◆The committee chairman's point of order was valid, as proper approval procedures were not followed. 委員会議長の議事進行に関する異議は妥当であった. 適切な承認手続きを遵守していなかったからである.

◆Are the rules for committee debate being followed correctly? The opposing party asked to clarify this point of order. 委員会の審議規則は正しく守られているのだろうか. 反対党は議事進行手続きの明確化を求めた.

point with pride, view with alarm 「誇りをもって指し示し, 不安げな目で見る」

政党の全国的な綱領で唱えられるクリシェの一つで, 過去の業績を誇りをもって強調すると同時に, 少数党の失敗を懸念の目で見るという意味.

pol 政治家

politician の略．否定的なニュアンスがある．

polgeek 政治評論家の出るテレビ番組

political（政治的）＋geek（オタク）を合成した語．

policy matrix 政策基盤

policy wonk 政策オタク

ある特定の政策にやたらと詳しい人間をやや軽蔑的にいうとき
に使われる．

◆ The candidate was considered a policy wonk because of his
in-depth knowledge of government budget issues. 政府の予
算に関わる問題について深い知識のある候補者は，政策オタク
と見なされた．

◆ He is a policy wonk in tune with a younger generation of vot-
ers. 彼は若い世代の有権者受けする政策オタクだ．

Political Action Committee／PAC／PACS 《the 〜》政治活
動委員会

企業・団体・組合などが政党や政治家に直接献金を行うこと
は禁止されているため，利益者集団（interest groups）で構成さ
れる政治資金管理団体の PAC が政治献金の受け皿となってい
る．有権者1人が1人の特定候補に対して献金できる金額は
2800 ドルまでだが，PAC に対しては年間 5000 ドルまで献金で
きる．2010 年の最高裁判決以降の状況については Super PAC
の項を参照．

political animal 政治的動物

思考・行動が政治的な人物を指す．

◆ He's the most instinctively conservative and the most politi-
cal animal of the three. 彼が三者のうちで一番本質的に保守
の傾向が強く，徹底した政治家的人間である．

political correctness 政治的に正しいこと［態度，姿勢］，政治
的公正（cf. politically correct）

political dirt peddler 政治家の秘密やスキャンダルを捜して
ライバルに売り歩く人

political football　政争の具

政治論争に勝つために利用される事柄．政治論争の種，議論が絶えない問題；駆け引きの道具．

- It didn't take too long before the issue of property taxes turned into a political football for the candidates. ほどなく固定資産税問題が候補者たちの政争の具と化した．

political hack / party hack　雇われ政治家

❶政党の政策(party line)に盲従する政党員．❷選挙で大衆の生活改善など公約を並べながら，当選すると，ほとんど何もしない政治家．

politically correct / PC / pc　形 政治的に正しい，ポリティカリー・コレクト

人種差別や性差別などになりかねない言葉や態度に対して，潔癖なまでに正しい表現の仕方を求める態度．

- To call an Afro-American a "nigger" is not PC. アフリカ系アメリカ人を nigger と呼ぶのは政治的公正を欠いている．

political machine　政党マシーン

個人的利害のために権力を利用する政治ボスが組織する集票組織．19世紀末のニューヨーク市やシカゴ市などのそれが有名だが，20世紀に入り，直接予備選挙の導入や福祉政策の充実とともに，その影響力は低下した(cf. machine politics)．

- The powerful Chicago political machine has controlled government appointments and patronage jobs for decades. 強力なシカゴの政党マシーンは，官職の任命を何十年にもわたって支配してきた．

political question　政治問題

しかるべき決定権が行政府(executive branch)にあるため裁判所では決定されない問題．

politick　動 政治活動をする

❶政治活動をする．❷目的達成のため努力する．

politicking　政治活動

政治活動や選挙運動をすること.

Politico ポリティコ

政治専門の有名ウェブサイト.

politico 職業的政治家, 政治屋(politician)

❶野心的(power-hungry)政治家. ❷らつ腕政治家(influential and unethical politician).

politics 政治, 政治学; 政策, 政見; 駆け引き

●above politics 政治性のない, 党派を超えた.

politics as usual 旧態依然たる政治

多数党が少数党の声を圧殺したり, 国民より党派や圧力団体の利権を重視する旧態依然たる政治.

●be fed up with politics as usual これまでの政治に飽き飽きする

●break away from politics as usual 古い政治から脱皮する

◆I believe the way to win is to reject politics as usual. People are tired of the political bickering and fighting. 旧態依然たる政治を退けること, それが選挙で勝つすべだと思う. 人々は政治家の言い争いにうんざりしている.

polity 政治組織

(独自の政策と意思決定の力をもつ)政治組織. レーガン大統領は, 米国の各州のそれぞれがひとつの polity として独立した立場をとり, それぞれにとっての重要な役割を果たすべきだと強調した.

poll／polling 投票; 世論調査

polling booth (投票所の)投票用紙記入所

polling place／polling station 投票所

pollster 世論調査機関, 世論調査員

社会的傾向を調べるため世論を調査研究する人.

polltaker 世論調査員, 世論調査会社

poll tax 人頭税

州法により投票資格として要求される一定額の税. 1964 年に

採択された憲法修正第24条は, 連邦選挙に関わる人頭税を禁止した.

poll watcher 投票立会人

pool/pool reporting プール取材, 代表取材
同じ対象を取材したい報道陣が多い時に, 代表を選んで取材させる方法.

popular vote 一般投票；大統領選挙人を選ぶ投票
一般有権者が大統領選挙人を選ぶ投票(cf. electoral vote).

populism ポピュリズム, 大衆迎合主義
ポピュリズムには, 既存の政治がピープル(人民)を置き去りにしてきた人々に光を当てるという側面があり, 一方「大衆迎合主義」という訳語には否定的なニュアンスが含まれる.

populist 大衆迎合主義者；人民第一主義者
大企業や大金融機関などの利益ではなく, 民衆の利益と伝統的な価値観を尊重する.「大衆受けだけを狙う政治家」という否定的なニュアンスもある.

pork 利権, 利益供与；(政治的配慮で与えられる)助成金, 官職
[由来] かつて, 金貨を豚の塩漬け樽に詰めて運んだ慣習から(cf. academic pork; pork barrel).

pork barrel ポークバレル(豚肉保存用の樽)→国庫交付金, 地方開発政府補助金・法案
由来は pork [由来] を参照. 連邦議会議員が自らの選挙区の利益のため政府の国庫交付金を獲得すること, そしてそのための法案・政策を意味するようになった. うまく利益誘導型の法案を通す議員は, 有権者に支持され再選される場合が多い.

- The congressman's pork barrel largesse won him higher approval among his constituents in the state's rural district. その議員の地方開発助成金を引っぱってくる力によって, 同氏は州の農村部の選挙民たちの間に確固たる立場を獲得した.

- Many candidates in trouble can always count on the traditional election-year pork barrel. 当選が危ぶまれる多くの候補者

たちは，慣例によって選挙の年に政府から出る地方開発補助金を，選挙の人気取りに利用しようと当てにしている．

pork-barrel legislation 利益誘導型の地方開発法案[立法措置]

議員の地元選挙区に対する資金や資源の投入を期待して行われる事業に対して，議会が行う歳出承認(appropriations)．

pork-barrel project 連邦や地方自治体の財政援助を得た事業

porkchopper 私的利益・役得を追求する議員[政府高官]，仕事をせずに報酬を得ている政治家の関係者

[由来]「労せずして得たもの」への隠喩として「豚肉の切り身」が用いられたことから．

position paper 項目別政策集，政策方針書

政府・政党・政治家・労働組合などの組織体あるいは個人が，政治問題・社会問題など問題になっている項目ごとに自らのよって立つところを明確にした文書．

post-debate poll 討論会後の世論調査

♦Post-Debate Poll shows Biden in the Lead.（新聞の見出しで）討論会後の世論調査でバイデン優勢．

post-truth [形] ポスト真実の

客観的事実(objective facts)よりも感情(emotion and personal belief)に訴えかける情報の方が強く世論に影響を与える状況を指す表現．

♦Reality doesn't matter in this world of post-truth politics, as long as the fabrications support the politician's statements. 現代のポスト真実政治では，ウソが政治家の発言を支えている限り現実はどうでもよい．

Potomac fever ポトマック熱

政治家がワシントン D.C.(ポトマック川に隣接)の米政府内で長期にわたり地位・権力を得たいという野心．

♦Having promised to leave office after one term, the senator contracted Potomac fever and announced his re-election bid.

一期で退陣すると約束していた上院議員がポトマック熱にかかり, 再選に挑むと発表した.

POTUS 《the ～》(俗)アメリカ大統領

頭字語 President of the United States(cf. FLOTUS).

poverty line 貧困ライン

社会保障策を提供するため連邦政府が貧困であるか否かを区分する年収基準. このライン以下が貧困層と認定される.

power base (政党などの)支持基盤, 政治の地盤, 支援組織

1960 年代から特に政治の分野で多く用いられる.

power behind the throne 陰の実力者

政治的に大きな権力・影響力をもつ人.

power breakfast [**lunch, dinner**] パワー・ブレックファスト[ランチ, ディナー]

会議を兼ねた有力者による食事会.

♦ The reporter spotted the senator and the agriculture secretary having a power breakfast in the hotel dining room. 記者は上院議員と農業長官が, ホテル内のレストランでパワー・ブレックファストを共にしているのを目撃した.

power broker 権力者を動かして工作する人, 政治の仲介人

多くの票を握っているために政治的に強い影響力をもつ人.

Power corrupts, and absolute power corrupts absolutely. 権力は腐敗し, 絶対的権力は絶対に腐敗する

ことわざ. 短縮形(Power corrupts.)で使われることが多い.

♦ As President, he thinks that he can do whatever he wants. Power corrupts, and absolute power corrupts absolutely. 大統領であるから, 彼は自分が好きなようになんでもできると思っている. 権力は腐敗し, 絶対的な権力は絶対に腐敗するのだ.

power dinner ⇨ power breakfast

power elite パワーエリート, エリート権力者層

政府や企業の意思決定に参加している人たちをいう.

power grab 権力掌握（術）

- The legislature's decision to strip authority from the incoming governor was seen as a blatant power grab. 次期知事から権力を剥奪しようという州議会の決定は，露骨な権力掌握と見なされた．

powerhouse 強力な企業［組織］

power lunch ⇨ power breakfast

power of the purse 《the ～》財布の力

公共目的に使う資金を票決する権限を有するために，立法府議員が公共政策に対してもつ影響力．

- With the power of the purse, Congress can choose to pursue policies that are quite different from the President's. 国庫を掌握する議会は，大統領と全く異なる政策を選んで遂行することが可能だ．

power play パワープレー

もともとはアメフト・アイスホッケー用語．政治・経済・軍事などにおける外交でなく力による強圧行為．

powers-that-be／powers that be 《the ～》ご当局，その筋

権力・権限をもっている組織や人たちを揶揄的に言ったり，おどけて言ったりするときに使う．

- The powers that be have decided to send the immigrants back to their home countries. 関係当局は移民を本国に送還する決断をした．

prayer breakfast 朝食会を兼ねた祈とう集会

Preamble to the Constitution 《the ～》合衆国憲法前文

憲法起草会議によって合衆国憲法の冒頭に付けられた前文．

- We the people of the United States, in order to form a more perfect union, establish justice, insure domestic tranquility, provide for the common defense, promote the general welfare, and secure the blessings of liberty to ourselves and our posterity, do ordain and establish this Constitution for the

United States of America. われら合衆国の人民は，より完全な連邦を形成し，正義を樹立し，国内の平穏を保障し，共同の防衛に備え，一般の福祉を増進し，われらとわれらの子孫の上に自由のもたらす恵沢を確保する目的をもって，アメリカ合衆国のために，この憲法を制定する.

prebuttal 事前の反論，予想[事前]反撃

特に政治の分野において，対立候補の攻撃を予想してその反論を用意しておくこと．クリントン大統領の再選に向けた選挙運動の中で最初に使われた．接頭辞 pre＋rebuttal(反論)を合成した語.

- ◆ The Speaker of the House and Senate Minority Leader unveiled a "prebuttal" to the President's State of the Union address in January. 下院議長と少数党院内総務は，1月の大統領の年頭教書に先立って「先制反論」の内容を公表した.

precinct 選挙区

pre-election strength 選挙前勢力

- ◆ The party failed to keep its pre-election strength in the Senate. その党は上院の選挙前議席数を確保することはできなかった.

prerogative （一般に）特権，権限；優先投票権

❶(地位や世襲によって得られる)特権，特典．❷(命令や判断を下す)権利，権限.

- ● the prerogatives of a senator 上院議員の特権.

presentationalist 政策の中身よりも政策を提示する方法に重点を置く政治家，見かけ倒しの中身のない政治家

President 大統領

アメリカ合衆国の元首，国家の象徴であると同時に，行政府を統率して政策を実行し，軍の最高司令官で外交の責任者でもある．Chief Executive of the U.S. とも呼ばれる．任期は4年で，憲法で3選を禁止されている．被選挙権は，35歳以上であること，合衆国内で生まれ育った合衆国市民であること(両親が米

国籍であれば合衆国外で生まれても問題ない), 14 年以上合衆国内に住んでいること, が憲法上の要件である(cf. POTUS).

President-elect 《the ～》(就任前の)次期大統領

11 月の第 1 月曜日の次の火曜日の大統領選挙で当選し, 翌年の 1 月 20 日に就任するまでの呼ばれ方.

presidential fever 大統領熱

米国の大統領にどうしてもなりたいという熱病. 架空の害虫 (presidential bug)にかまれると「大統領熱」にかかるとされている.

presidential message 教書

議会における立法を勧告するなど, 大統領が連邦議会に発する意見書. 三権分立の下で, 議会に属する立法権限に大統領が実質的に関与する制度.

presidential primary 大統領予備選挙

大統領選挙年の前半に大多数の州で行われ, 民主・共和党員が選挙年の夏に行われるそれぞれの党の大統領候補指名全国大会に出席する代議員(delegate)を選ぶ. 予備選挙を行わない州では caucus(党員集会)を開き, 代議員を選ぶ(cf. New Hampshire Primary; Super Tuesday).

presidential timber 大統領になる資質をもった人物

♦ She is frequently hailed as presidential timber. 彼女はしばしば大統領の器だと称えられている.

presidential veto 大統領拒否権

上下両院を通過した法案に大統領が署名するとその法案が成立するが, その署名を拒否すればその法案の成立を大統領が拒否できる. しかし上下両院が再審議し, 上下両院それぞれ 3 分の 2 以上の多数で採択されると, 大統領の署名がなくともその法案は成立する(cf. override; veto power).

♦ The president is trying to force Congress's hand by threatening a veto. 大統領は拒否権をちらつかせつつ, 議会に無理難題をふっかけている.

President of the Senate 《the 〜》上院議長

憲法の定める通り，副大統領が兼任する．1960 年代までは副大統領が上院議長として日々の上院の会議を主宰するのが常であったが，現在では可否同数の場合に議長決裁票を投じるのを除いて日々の議事進行を行わないのが常である．

president pro tempore of the U.S. Senate／president pro tem 《the 〜》上院議長代行

上院議長を兼任する副大統領が不在の際に，上院議長を代行する上院議員．通常は多数党の院内総務(majority leader)．

Presidents' Day 大統領の日

2 月の第 3 月曜日．別名 Washington's Birthday．多くの州では Lincoln's Birthday と合わせて一つの法定休日とする．

press conference／news conference 報道関係者に対する発表，記者会見

press gallery 記者席，議会記者団

press pool 代表記者団，取材班

- the White House press pool　ホワイトハウスの記者団
- Reporters from NBC and Bloomberg were designated as the White House press pool representatives for the President's visit to Normandy.　NBC とブルームバーグがホワイトハウスの代表記者団に指定され，大統領のノルマンディ訪問に同行することとなった．

press release／news release／release 新聞発表，プレスリリース

報道関係者に対する発表．

press secretary 広報担当補佐官

press the flesh 《主に話》握手する

(特に政治家が選挙活動中に多くの人たちと)握手する(shake hands)．時に選挙民の人気取りに走り回る如才ない政治家を皮肉って用いることがある．由来 手の肉を押しつける，から．

- He went around and pressed the flesh in hopes of obtaining

more than fifty thousand votes.　彼は5万票以上を集めよう
と，握手をしてまわった．

♦ During the recess most congressmen went back to their districts to press the flesh.　大部分の議員は議会の休会中に選挙民との握手作戦を展開するため自分の選挙区に戻った．

pressure group 圧力団体

政府や社会に圧力をかけ，特定の利益の擁護あるいは利権の獲得を図ろうとするグループ．lobby; interest group ともいう．

presumptive nominee 指名確実の候補

previous question （議会における）先決問題

当該問題の即時採決をするか否かの採決を予め求める動議．

pro-choice / prochoice 形 選択重視派の，中絶容認の

妊娠している本人が妊娠中絶を選ぶ権利(choice)をもつと主張する．特にキリスト教保守派からの攻撃の対象となる(cf. pro-life)．

♦ Ferraro was attacked for her prochoice position.　フェラーロ(1984年の民主党副大統領候補)は妊娠中絶賛成の立場をとっていることで，攻撃を受けた．

progressive 形 進歩[革新]的な；名 革新主義者

Progressive Party 《the ～》革新党

1912年に共和党から分離して結成(cf. Bull Moose)．

pro-life 形 生命重視派の，妊娠中絶反対者の

堕胎合法化に反対する(cf. pro-choice)．

● a pro-life activist　中絶反対運動の活動家．

Proposition 13 住民投票事項13

カリフォルニア州の住民投票で可決された反固定資産税条例．州により住民投票に問われる条例案を指す(1978年可決)．

pro tempore / pro tem 形 臨時の，暫定的な

♦ He was unanimously elected Senate President pro tempore.　彼は満場一致で上院議長代行に選ばれた．

protest vote 抗議票

有力候補に対する反感を表すため, ほとんど勝ちそうもない候補(たとえば第三党の)に投ぜられた票.

♦ Even though the representative's seat was safe, many citizens showed their discontent by casting protest votes for the challenger. 下院議員の議席は安泰ではあったが, 議員に対する不満を示すために, 多くの市民が抗議の意味で挑戦候補者に票を投じた.

proxy vote 代理投票

public hearing 公聴会

public interest groups 公益[公共利益]団体

public trough 公共のこね鉢

税金を悪用して私腹を肥やす政治家や政府が雇うコンサルタントや請負業者のたとえ. trough はパンなどのこね鉢の意.

♦ The newspaper wrote a scathing editorial about the high-priced consultants feeding from the public trough. その新聞は高額な料金を請求し, 税金を悪用するコンサルタントを論説で痛罵した.

puff piece 《話》(新聞や雑誌などの)ちょうちん記事

pump-primer 景気刺激策

pump-priming/pump priming ポンプに呼び水を差すこと →景気回復のための財政措置

誘い水式経済政策(ニューディール政策で景気回復のため公益土木事業を起こしたことから). 景気刺激のために政府が公共支出を増やすこと(cf. New Deal).

♦ Now, faced with huge budget deficits, pump-priming isn't an option for the party in power. 巨額の財政赤字を抱えていては, 景気刺激のための財政出動は与党の選択肢にはない.

pundit 評論家, 専門家, 物知り, 学者, 政治評論家, 社会評論家

口語でもったいぶる人というニュアンスがある.

purple state 紫色州, パープルステート

国政選挙で伝統的に共和・民主両党候補の票が拮抗する州. ス

イングステート(swing state)とも呼ばれる.

♦Whoever is going to win the election will have to focus on convincing the purple states of the country, where opinion is nearly evenly divided. 誰が選挙で勝つにせよ, 共和・民主の両党を支持する世論がほぼ二分されているアメリカの「紫色州」の有権者説得に焦点を当てざるを得ないであろう.

purse 財布

本来の意味より, 比喩的に「資金, 財源, 資力」という意味で用いられることが多い(cf. purse strings).

purse strings 財布のひも

♦The prolonged recession only served to make consumers tighten their purse strings. 長引く不況は消費者の財布のひもを引き締めさせるだけだった.

push-button voting プッシュボタンによる投票

投票用紙に記入したり, 議席で起立して意思表示をするのではなく, コンピューターの端末により議会で投票すること.

push poll プッシュ世論調査, 偏向世論調査

選挙時の電話勧誘戦略(political telemarketing)の一つ. 世論調査と見せかけてさりげなく敵対候補の不利になるような情報を流す. たとえば, Jones候補が増税の意向などは示していないのに, "Do you favor candidate Jones' proposal that income taxes be raised ten percent?"(10%の増税をするというジョーンズ候補の政策提案についてどのように思いますか)というような質問をすること.

♦It's complicated and difficult to go track down who's making push polls or where these fliers come from. 誰がプッシュ調査をやっているのか, こういったビラの出所はどこなのかを追跡するのは複雑かつ困難だ.

put down 非難する, 批判する

♦The candidate was put down for being soft on Communist. その候補は共産主義者に甘いと批判された.

puzzle palace 《the 〜》迷宮, 国防(総)省

国防(総)省の庁舎(Pentagon)は "a vast, unfathomable maze" (広大な計り知れない迷宮)として知られる. 陸軍省(War Department, 1789–1947)であった時代, 省のメッセンジャーが省内で迷い, 訪問先を見つけ出したときには陸軍中佐になっていたというジョークがある(cf. Pentagon).

Q, q

Quayle, Dan ダン・クエール

James Danforth Quayle III(1947–), ジョージ・H・W・ブッシュ政権の副大統領(共和党, 1989–93), インディアナ州出身.

quick fix 即効薬, 一時しのぎの解決策

[類語] solution; makeshift; stopgap.

♦Money included in the highway bill was a quick fix for immediate issues; it did not address the nation's long-term infrastructure problem. ハイウェイ法案に含まれる予算は一時しのぎの解決策で, アメリカ全体の長期的なインフラ問題には言及していなかった.

quid pro quo 代償, 報酬, 対価, 見返り

ラテン語で「何かを何かの代わりに」(what for what; something for something)と同義. 冠詞をつけて a quid pro quo と普通名詞のように使う. 複数形は quids pro quo.

♦The city councilman denied that there was a connection—a quid pro quo—between campaign contributions he received from a highway contractor and the award of a large construction contract to that firm. その市議会議員は, 彼がハイウェイ建設業者から受け取った選挙献金と, その企業に発注した大規模な建設契約との間に見返り条件を付すなどといった関係は一

切ないと否定した.

quorum （議決に必要な）定足数

〔由来〕イギリスで治安判事(justices of the peace)を任命すると
き, 多くの判事の中から(任命状の「その中で」(of whom)にあた
るラテン語が quorum だった)執行に必要不可欠な判事を指名
し, これらの判事が justices of quorum と呼ばれたことから.
「定足数」の意味で使われるようになったのは 1616 年から.

quorum call 定足数点呼(cf. roll call).

R, r

rabble-rouser 民衆煽動家

radical chic ラジカルシック

急進左翼(radical left-wing)に共感を示す有名人. 1970年代に活躍した作曲家レナード・バーンスタイン(Leonard Bernstein)や女優ジェーン・フォンダ(Jane Fonda)などの行動を指した. この語を初めて用いたのはジャーナリスト・作家のトム・ウルフ(Tom Wolfe).

railroad 動 正式な過程を経ずに強引に行動する→強行採決する

♦ The chairman railroaded the bill through the House of Representatives. 議長はその法案を下院で強行採決した.

rainbow coalition 《the ～》虹の連帯

黒人, ヒスパニック, アジア系アメリカ人などマイノリティの連帯をいう. 牧師で政治家のジェシー・ジャクソン(Jesse Jackson)がつくった選挙用キャッチフレーズで, 虹を描いたバッジをつけて運動をした.

♦ His rainbow coalition never became the political force he envisaged. 虹の連帯は彼が描いていたような政治力をもつことはなかった.

rainmaker 有力で実績のあるロビイスト

政界に影響力を行使して, 望みの政策決定をもたらしてくれる有力ロビイスト. 本来は「魔術で雨を降らせる人, 人工降雨専門家」の意.

♦ He was the smooth-talking rainmaker who snared millions of sponsorship dollars. 彼は口達者なロビイストで, 何百万ドルもの選挙資金を支持者から引き出した.

♦ The campaign named billionaire John Adams to head the fundraising campaign, as he has been a proven rainmaker in the past.　優れたロビイストとしての過去の実績を買われて，億万長者のジョン・アダムズが選挙運動資金調達運動の指揮を執ることになった．

rank and file / rank-and-file 图 下士官；形 一般庶民の；（幹部でなく）ヒラの

一般人，一般国民．もともとは軍隊の用語で「横列(rank)と縦列(file)」に規則正しく整列している人たちという意味．

- rank-and-file white-collar employees　一般のホワイトカラー被雇用者．

ranking member　上位委員

多数党に所属し，先任順位により，委員会議長に次ぐ地位を占める委員会の立法府議員．少数党を代表する最古参の委員が，委員会の上位少数党委員となる．

ratification　批准

政府の合意事項を有効なものとするために必要な立法部門の承認．憲法の修正には各州議会の批准が必要であり，また国際条約の締結には上院の批准が必要．

razor-thin 形 紙一重の差の

- a razor-thin win　僅差での勝利
- razor-thin majority　きわどい過半数．

reading　（議会の）読会

法令審議を3段階に分けて検討する制度．

Read my lips.　（わざわざ声を出さなくても）私の唇の動きだけでわかるでしょう

1988年の大統領選に際してジョージ・H・W・ブッシュが共和党集会で，新しい税金制度は当面見送る(No new taxes.)と言った際に用いたことから一般化した(cf. No new taxes.)．

- The Congress will push me to raise taxes, and I'll say no, and they'll push, and I'll say no, and they'll push again. And I'll say to them, "Read my lips, no new taxes."　議会が増税しろ

と言ってきたら，私は反対するよ．またそのことを持ち出してきても私の返事はノーだ．そしてまたまた増税を持ち出してきても私の返事は次の通り，「いいかい，私の唇の動きを見てくれよ．新しい増税なんてノーだ」．

Reagan Democrat　レーガン・デモクラット，レーガン支持の民主党員

伝統的に民主党を支持してきた下層中産階級または労働者階級に属する白人で，1980年代に民主党の公民権問題に関する政策と増税に反対し，1980年と1984年の大統領選挙で共和党保守派のレーガン候補を支持した．

Reaganomics　レーガノミクス

レーガン大統領の経済政策や経済理念．減税・財政支出削減・規制緩和などにより「小さな政府」を目指した(cf. small government).

Reagan, Ronald　ロナルド・レーガン

Ronald Wilson Reagan(1911–2004)，第40代大統領(共和党，1981–89)，イリノイ州タンピコ出身．聴衆に訴えかける独特の才能を発揮した「偉大なコミュニケーター」(Great Communicator)として知られる．歳出削減と減税による「小さな政府」論はレーガノミックス(Reaganomics)と呼ばれ注目を集めた(cf. small government).

Real Clear Politics　リアル・クリア・ポリティックス

政治に関する有名ウェブサイト．

reapportionment　議員数の再配分

人口の変化を反映させて議員選挙区(legislative district)を区切り直すことをいう．

recess　休会

議会(legislative session)が休むことで，何週間にも及ぶ休会もある．

recorded vote　記録投票

red herring　他人の注意や興味を実際の問題から故意にそらせ

ること

由来 キツネが通った道へ「燻製のニシン」(red herring)を投げると，臭跡が消えてイヌが迷うとされることから．

- The candidate used the minor issue as a red herring to distract voters from the corruption accusations against him.　汚職のかどで告発されている候補者は，投票者の関心をそらすために重要度が低い問題を取り上げた．

- Blaming foreign competition was a red herring.　He didn't want people to know it was really his poor judgement.　外国との競合のせいにするのは，本題から注意をそらすためだった．彼の本心は，自分の判断は誤りだったと人に知られたくなかったのだ．

redistricting 選挙区画改定，選挙区割変更

特に選挙のために州や郡を再区画する(cf. reapportionment)．

red meat 本質

牛肉やマトン(羊肉)は赤色が濃く，肉好きには赤い肉は本物の肉に思えることから．

- His campaign speech about infringements on religious liberty was red meat for the party base.　彼の宗教的自由の侵害に関する選挙演説は，党の根幹に関わる重大なものだった．

redneck 《俗・軽蔑的に》レッドネック

農業労働者，特に南部の無教養な白人労働者．南部の人間に対するステレオタイプとして軽蔑的に用いられるようになった．由来 農業労働者は畑仕事の間，日に照らされて首が赤く日焼けしていることから．

- I wrote a strong letter of protest to the local redneck newspaper.　私は地元の偏見に満ちた田舎新聞に強い調子の抗議の手紙を書いた．

red state 赤色州，レッドステート

共和党支持者の多い州．赤は共和党のシンボルカラー(cf. blue state; purple state; swing state)

♦This is a firmly entrenched red state, so Democratic campaigners don't waste a whole lot of time or money trying to persuade us to vote for them. この州は共和党支持の強いガチガチの「赤色州」なので，民主党としては選挙民の説得にあまり時間や金をかけない．

referendum 法案の一般投票制度，レファレンダム

重要法案に対する賛否を直接国民に問う制度．州憲法の修正や新条項の制定に関して，必ず行われる constitutional referendum と，議会を通過した重要法案について行われる statutory referendum がある．

Reform Party 《the ～》改革党

共和党と民主党の二大政党に対抗するために，1992 年と 1996 年の大統領選挙に出馬したテキサス州出身の大富豪ロス・ペロー(Ross Perot)が中心となって 1995 年に結成された政党(cf. third party)．

registered voter 登録有権者 (cf. voter registration)

registration 選挙登録

投票資格を証明するために，選挙に先立って選挙人名簿に登録することをいう．米国では，18 歳の有権者になれば自動的に選挙人登録がなされるのではなく，自ら登録する必要がある．

reg-neg 名動 政府規制に関する交渉(で取り決める)

reg(ulatory)＋neg(otiation)から合成した語．

♦The paper companies reg-negged a deal with the government on air emissions standards. 製紙会社は大気汚染規制基準について政府と折衝し交渉が成立した．

regular 形 公認の

政党の公式機関によって選ばれた，党指名の．

●a regular ticket　公認候補者名簿

●a regular candidate　公認候補者．

regular order 正規の手続き

立法部が定める正規の手続きを踏んでいること(following the

normal legislative process).

   ◆ A call for the regular order asks the chair to restore proper procedure. 議長は正規の審議手続きを回復するよう求められた.

relative majority 相対多数

選挙で過半数に達した候補や党がない場合の首位(cf. absolute majority).

representative 下院議員

Representative of the House ⇨ Member of the House

Republican 形 名 共和党(の); 共和党員(の)

Republican House Policy Committee 《the ～》共和党下院政策委員会

Republican Majority Coalition 《the ～》共和党多数派連合

共和党内の政策集団. 中絶禁止を絶対視する超保守主義に批判的な中道穏健派.

Republican National Committee/RNC[1] 《the ～》共和党全国委員会

選挙資金集めを最大の任務としている.

Republican National Convention/RNC[2] 《the ～》共和党全国大会

4年に1度, 大統領選挙の共和党公認候補者を決定するときに開く大会. 民主党全国大会と同様, 夏に開催される.

Republican Party 《the ～》共和党

二大政党の一つ. 連邦党やホイッグ党の後身で, 1845年に奴隷制に反対する政党として組織された. エイブラハム・リンカーンが1860年に大統領に当選して以来, 一時期を除いて半世紀以上大統領政党としての地位を確保した. GOP(Grand Old Party)と呼ぶことも多い. 党の象徴: 色は赤, 動物は象.

Republican Senate Conference 《the ～》共和党議員総会

Republican Steering Committee 《the ～》共和党運営委員会

rescission 計上予算撤回

すでに計上された予算を支出しないように，大統領が議会(congress)に要請すること．

reserved power 留保権限

連邦政府に与えることなく，州または人民のために憲法によって留保されている権限．

resolution 決議，議会などの正式な意思表明

上院か下院が別個にそれぞれの意思を表明するもの．法的拘束力をもたない．米国議会の resolution (決議，決議案)には joint resolution(共同決議案)，concurrent resolution(同一決議)，resolution(決議)の3種類がある．それぞれの項を参照．

retail politics 小売り政治

(集会で演説したり，有権者と直接会うといった)一般大衆に迎合した伝統的選挙運動のこと．反対は社会の特定層を意識した wholesale politics (卸売り政治)．

♦ For states so vast and populations so large, the old-fashioned art of retail politics, meeting voters individually, has diminished in importance. 広大で人口の多い州にとっては，個々の投票者に会って投票を依頼するという，伝統的な小売り政治の手法の意義は薄れてきた．

revolving door 回転ドア

政府高官が政権交代により退任し，民間企業で重要な地位についたりして，政府と民間の間を行ったり来たりすること．

♦ Jumping from cabinet member to industry executive to lobbyist, Stephens had himself mastered the revolving door from government to the private sector. 政府高官から企業の役員になったかと思うとロビイストへ，政府の要職から私企業へと転身する回転ドアのすべを，スティーブンス自身しっかり習得していた．

Rhode Island ロードアイランド ⦅略⦆R.I. ⦅RI⦆

⦅人口⦆ 約105万人(43位) ⦅面積⦆ 4,002km^2(50位) ⦅加盟年⦆ 1790年

5月29日(13番目) 【州都】Providence(プロビデンス) 【モットー】
Hope(希望) 【愛称】Little Rhody(リトルローディ); Smallest
State(全米最小の州) 【選挙人】4人(39位) 【人種構成】Ⓦ 73.2 Ⓑ 5.5
Ⓗ 14.6 【2016年】Ⓡ 39 Ⓓ 54 【2012年】Ⓡ 35 Ⓓ 63 【州議会】GA 【州上院】
SN 【州下院】HR.

rich man's club 《the ～》金持ちクラブ

通例, 上院(the Senate)を指す《上院には金持ちの議員が多い》.

ride [hang, climb] on someone's coattails 【動】人の名
声・政治力に頼って成功[出世]する (cf. coattail effect; coattail
rider)

♦Everyone knows you've been riding on the governor's coat-
tails for the last two years, but once her term ends you'll be
on your own. この2年間, 君は知事の威光を借りてここまで
やってこられたが, 彼女の任期が終わると君は独立独歩の身
だ.

rider 追加条項, 付帯条項, 付加条項, 便乗条項

rider to a bill(法案の追加条項)は, 法案の制定過程の終わりの
方で「相乗り」的に付け足される条項で, 法案の本文とは無関係
なことが多い.

♦A rider attached to a recent EPA appropriations bill could
cause further delay. 追加条項が環境歳出法案に付され, さら
に法案の審議が長引くことになるだろう.

rig 【動】不正に操作する, 予め仕組む

●rig an election 選挙結果を操作する.

right／Right／right wing／right-wing 【名】【形】《the ～》右翼
(の)

保守的な政策を擁護する個人, あるいは政治的党派を指す用
語. 合衆国の二大政党にはどちらにも右翼的な派閥があるが,
右翼的な政策は通常, 共和党と結びつく.

ring a doorbell 戸別訪問する

ripper／ripper bill／ripper act 任命権簒奪法(案)

通常の任命・罷免権者から権限を取り上げて，知事・市長など
に無制限の権限を与える法案または立法．

RNC ⇨ Republican National Committee; Republican National Convention

road show 政治家の地方巡り

♦ The Democratic presidential ticket plans another road show, this time through the industrial Midwest. 民主党の大統領・副大統領候補は今回は工業地帯の中西部での遊説旅行を計画している．

Robert's Rules of Order ロバート会議規定集

英国の国会で利用されている議事手続きに基づく，討議を効果的に進めるための手引き．この手引きは討議の進め方，発言者の認定，議長や他の役員の役割定義，動議の提案，賛成，投票，さらには憲法や付則(bylaws)の執筆と修正などの問題に指針を与えている．

robocall ロボコール，自動電話送信

自動電話装置によって多数の人々に向けて行われる，予め録音されたメッセージの発信．

● to launch a massive robocall campaign 自動電話送信を用いて大規模なロボコール選挙運動を展開する

♦ Close to Election Day, both campaigns unleashed a series of automated robocalls to reach voters with a final message. 投票日が間近となり，双方の陣営はロボコールを使って最後のメッセージを選挙民に伝える手法をとった．

Rockefeller, Nelson ネルソン・ロックフェラー

Nelson Aldrich Rockefeller(1908–1979)，フォード政権の副大統領(共和党, 1974–77)，メイン州出身(cf. BOMFOG).

rock 'em and sock 'em campaign こっぴどく相手をやっつける選挙運動のやり方

Roe vs. Wade ロウ対ウェード訴訟判決

1973 年，連邦最高裁判所が 7 対 2 で下した画期的な判決．19

世紀以来，人工妊娠中絶を違法とする州法を違憲とし，出産するか中絶するかの決定は憲法修正第14条で実質的に認められた個人の権利に含まれるとした．

roll call / roll-call vote　（議会での）個人別投票；点呼投票

発声投票(voice vote)と異なり，誰がaye(賛成)を入れたか，すべて明らかにされる．押しボタン方式もある．定足数を確認することをroll callという．連邦議会ではしばしばquorum callという(cf. quorum call)．

roorback　（選挙前などに政敵に対して放つ)中傷のデマ

「事実に反する報道やうわさ」という意味．当時大統領候補だったジェームズ・ポークを中傷した本 *Travels of Baron Roorbach*（『ルアバック男爵の旅』，1844年)に由来する．

* Donald knows how to make the best use of such a roorback on the eve of an election. ドナルドは選挙前夜にその手の誹謗中傷を最大限に利用するすべを心得ている．

Roosevelt, Franklin　フランクリン・ルーズベルト

Franklin Delano Roosevelt(1882–1945)，《略》FDR，第32代大統領(民主党，1933–45)，ニューヨーク州出身．世界恐慌克服のためにニューディール政策(the New Deal)を遂行．4選後の1945年，ヤルタ会談で英国首相ウィンストン・チャーチル(Sir Winston Churchill)，ソ連共産党書記長ヨシフ・スターリン(Joseph Stalin)と和平および戦後世界の構想を協議するが，同年4月死去．ブレーン・トラスト(brain trust)や炉辺談話(fireside chat)などの斬新な政治スタイルでも知られる(cf. brain trust; fireside chat)．

Roosevelt, Theodore　セオドア・ルーズベルト

Theodore Roosevelt(1858–1919)，愛称はTeddy，第26代大統領(共和党，1901–09)，ニューヨーク州出身．1901年，当時の大統領であったウィリアム・マッキンリーの暗殺により，その後継として副大統領から大統領に就任した．日露戦争を調停，1906年にノーベル平和賞を受賞．対内的には連邦政府の積極

的介入による公共の利益維持を主張，対外的には極東とラテンアメリカへの介入を深めた．

Rose Garden 《the 〜》ローズガーデン

ホワイトハウスの Oval Office（大統領執務室）の外側にあるバラが植えられた中庭．ここで記者会見や法案署名式を行うことが多い．

Rose Garden strategy　ローズガーデン戦略

再選を目指すアメリカ大統領が現職の立場を利用して選挙戦を有利に進めようとする政治戦略．

- The President is going to have to start attacking back. He'll now have to govern in a campaign mode, and abandon his Rose Garden strategy.　大統領は反攻態勢に転じざるを得ない．彼は，現職の立場を利用する戦術を見限って，選挙運動モードに切り替えなくてはならなくなるだろう．

rubber-chicken circuit　資金集めのための一連のパーティ，地方遊説のパーティ［会食］

由来 たいした食事は用意されず，ゴム（rubber）のように固くてかみにくいチキン程度のものしか出ないことから．チキンそのものに代えてチキン・アンド・マッシュポテトやローストビーフが出されることもある．

- The politician told me in private that he had much better things to do than to speak in the rubber chicken circuit across the state.　その政治家がこっそり漏らした．州を回ってたいした食事も提供されないパーティで続けざまに演説する以外にもっとやることがあると思うのだが，と．

rubber stamp　十分に考えずに何でも賛成［承認］する人［官庁，議会など］，ボスの命令にすぐ従う政治家

- rubber-stamp Congress　十分に考えないでなんでも承認する議会，大統領の言いなりの議会．

rugged individualism　厳格な［徹底した］個人主義

ほぼすべての個人は自力で成功できるので，国民に対する政府

の援助は最小限であるべきだという信念. 共和党の政策に結び付けられる傾向があるこのフレーズをしばしば使った共和党の大統領フーヴァーは, 民主党の大統領フランクリン・ルーズベルトやトルーマンの侮蔑を受けた (cf. Hoover, Herbert).

rugged individualist 徹底した個人主義者

♦He was a rugged individualist. Nothing could dissuade him from his ideals. 彼は徹底的な個人主義者だった. 何ものも彼の理想を翻えさせることはできなかった.

Rules Committee 《the 〜》議事運営(規則)委員会

議事運営促進のための規則・方法をとり決める権限をもつ立法府内の委員会. 通例, 法案を上程する日程を決める.

rules of order 立法府などの手続き規定, 議院法規

rump session ランプセッション

本来の会議後に行われる小規模の会議. rump は「尻肉」の意.

♦A rump session continued after the meeting was adjourned, in which the participants conducted a substantial amount of business. 会議終了後ランプセッションが続けて行われ, 参加者はそこで相当量の用件をこなすことができた.

run between the raindrops 動 雨粒の間を走る

もともとは軍事・戦闘用語. ひっきりなしに続く政治的な「砲火」をかわすという意味.

runner-up 次点者

running-mate/running mate 副大統領候補

(大統領候補と副大統領候補など)重要性が異なる二つの公職が組み合わされる公職選挙の一方の候補者.

run-off 決戦投票

run scared 落選が頭をよぎって候補者がパニック状態に陥る

♦Ever since the scandal broke and his approval rating dropping in the polls, the senator has been running scared. スキャンダルが明るみに出て以来, 世論調査の支持率が落ち込んでいる上院議員は, パニック状態に陥っている.

Rustbelt 《the ～》赤錆地帯, ラストベルト

イリノイ, ミシガン, オハイオ各州からニューイングランド西部
までの, かつて鉄鋼・自動車産業の重工業が盛んで現在は衰退
したとされる地域一帯を指す.

S, s

sacrificial lamb　生贄の子羊

強力な現職議員に対抗できる候補者が自党にいないときに担ぎ出される候補．敗色濃厚な選挙に送り出された「かませ犬」的な候補．

◆The candidate complained he was recruited as a sacrificial lamb to fill the ticket against an incumbent many regard as unbeatable. 現職議員には太刀打ちできないというのが大方の見方だが，「生贄の子羊」として選挙に駆り出された候補者は不平を訴えていた．

safe seat　確実に取れる議席[選挙区]

現職候補の再選が確実な議席．

◆The senator's was considered a safe seat, so party leaders did not contribute additional money to his campaign. 党の指導者はその上院議員の勝利は確実と見て選挙運動資金の追加投入を控えた．

safety net　（サーカスなどの）転落防止ネット→安全策，安全網，セーフティネット

レーガン大統領が提案した極貧階層の救済策．大幅な財政支出削減をしても，年金や生活保障など最低限の生活保障は行うことを確約したもの．

◆Most progressives believe in a robust government safety net of social programs. 進歩主義者の多くが，政府による確固たる社会保障計画の安全網を支持する．

Sagebrush Rebellion　《the 〜》ヨモギの反乱

1970–80年代，連邦政府の開発計画が州権の侵害だとして，ネバダ州など西部諸州が反対したこと《Sagebrush はヤマヨモギ

の意であり，Sagebrush State はネバダ州のニックネーム》．

sanitize 🔲 衛生的にする，消毒する→不適切な［好ましくない］部分を削除する

◆ The strategy memo was classified top-secret, but a sanitized version was distributed among the Cabinet members. 戦略メモは最高機密文書として扱われたが，不適切な部分を削除したものが政権中枢のメンバーに配布された．

scoop 政治献金パーティ

一度にたくさん金が集まる政治献金パーティ．

seat 議席，議員，選挙区

seatwarmer / seat-warmer 腰かけ議員

任期途中で空席となった議席を補充するため，次回は選挙に出ないという前提で指名される議員．

◆ After the senator's death, the governor appointed a seat-warmer to fill the unexpired term and position a strong candidate for the general election. 上院議員が死去した後，その議員の残された任期を務めるためと，総選挙に向けて強力な候補を擁立するために，知事は腰かけ議員を任命した．

Second Amendment 《the ～》憲法修正第 2 条

州の民兵を維持する必要上，市民が武器を保持・携行することを権利として保証する条項．

Second Amendment activist 憲法修正第 2 条活動家

武器を持つ権利を保障した憲法修正第 2 条を盾に，銃の保有は個人の独立した生活の重要な部分だと主張する人．

Second Lady 《the ～》セカンドレディ

副大統領夫人．

second reading 《the ～》第二読会

委員会の答申を受けて法案の全面討議・修正を行う．

Secretary of Defense 《the ～》国防長官

国防(総)省の最高責任者で，民間人．政権の中枢メンバーで，大統領の指名を受け，上院の承認を受ける．国防長官は民間人や

軍人の顧問と協力し，アメリカの軍事政策を立案し大統領に勧告する．

Secretary of State 《the ～》国務省長官

国務省の最高責任者で，政権の指導的な一員．アメリカの外交政策を立案し，他国との関係を処理する責任を負う．副大統領，下院議長，多数党院内総務に次ぎ大統領職継承者の4番目に位置する．

Secret Service / secret service 財務省(秘密)検察局

(政府の)機密調査部．通貨偽造摘発・大統領護衛などを行う．

secret session 非公開会議, 秘密会議, 非公開審議

security mom 安全・安心ママ

「安全第一．子供をテロや犯罪から守ってくれる政治家が何より」．これが，昨今の母親たちの候補者選びの際の，重要な判断基準といわれる．

♦ Mothers' voting habits are said to be now affected by their concern for children's safety. 母親たちの投票行動は，子供の安全に対する関心に左右されるといわれている．

select committee (議会などの)特別委員会

(立法府などの)(特別)調査委員会(special committee)．

Select Committee on Ethics 《the ～》倫理特別委員会

Senate 《the ～》連邦議会上院; 州議会上院

二院制をとる連邦議会の1つの議院で，下院と対等の立法権をもっているほかに，条約や官吏の任命に対する承認権など独自の権限をも有している．

Senator / senator 上院議員

州の人口・大小に関わらず各州2人ずつで計100人，任期は6年で3分の1の議員が2年ごとに改選される．被選挙権は9年以上アメリカ市民であり，かつ30歳以上の者とされている．

Senator No セネター・ノー

元連邦上院議員ジェシー・ヘルムズ(Jesse Helmes, 1921–2008)のあだ名．反対票をよく投じるためにつけられた．

senior 先任上院議員

senior citizen 高齢者

old people の婉曲表現. 法的には 65 歳以上の人.

Separate but Equal Doctrine 《the ～》分離すれども平等の
原則

1896 年, 鉄道車両を白人と黒人で分離することを定めた法律の
合憲性が問われ, 最高裁は分離していても内容が平等であれば
憲法に反しないとの判決を下した. この原則は 1954 年のブラ
ウン判決(Brown vs. Board of Education, of Topeka, Kansas)
まで憲法上否定されなかった(cf. Brown vs. Board of Educa-
tion, of Topeka, Kansas).

separation of powers 権力分立

国家権力を立法・司法・行政の三部門に分散し, それぞれが牽
制しあい, 権力の一部門への集中を排除する.

sequester 動 《法律》(個人の所有物を)差し押さえる, (国際法
で敵の財産を)押収する, 没収する

sequestration 強制財政削減措置

session 会期

sitting ともいう.

Seventeenth Amendment 《the ～》憲法修正第 17 条

1913 年に成立した修正条文で, 連邦上院議員を州市民が直接
選挙で選ぶことを保障したもの. 当初, 憲法は各州議会が 2 名
の上院議員を選出すると定めていた.

shadow cabinet シャドウ・キャビネット

(大統領などの)私設顧問団(cf. kitchen cabinet).

shadow senator 影の上院議員

将来ワシントン D.C. が州の地位を得たときに正式な議席を認
められる, 下院議員 1 名と上院議員 2 名.

shake-up 大幅な刷新

(組織・人事・政策)などの大変更, 改造.

Sherman, James ジェームズ・シャーマン

James Schoolcraft Sherman(1855–1912), タフト政権の副大統領(共和党, 1909–12), ニューヨーク州出身.

sherpa ヒマラヤ登山隊の案内人→準備担当者, お膳立て担当者, 裏方

サミットなどの国際会議の advance team(先遣隊)となって事務的折衝にあたる中級外交官. 俗に career boy(キャリア外交官).

shield law 情報秘密保護法, 取材源保護法

記者の取材源の隠匿を認める法律.

shiny object 輝ける対象

疑惑などから目をそらす手段.

- ♦The President's orders to build the border wall was the shiny object diverting attention from loosening environmental protections. 国境の壁を建設する大統領令の目的は, 環境保護基準を緩める政策から国民の目をそらすための手段だった.

shirtsleeve diplomacy 腕まくり外交, 率直な[非公式の]外交

形式ばらない率直かつ非公式な外交.

shoo-in 当選確実と見なされる候補者[選挙]

当選確実と見なされる選挙候補者, 楽勝が予想される人物(a sure win). 選挙だけではなく, アカデミー賞候補などにも使う. 元来は競馬用語.

- ♦He's always been an automatic shoo-in for re-election. 彼は常に楽々再選されてきた.

shoo-out 当選の見込みのない候補者[選挙]

showdown 真っ向対決

(未解決に黒白をつける)最終的段階.

- ♦There is a possibility that the showdown will be prolonged. 対決が長引く可能性がある.

show the flag 旗幟(きし)を鮮明にする, 国威を示す

shuttle diplomacy 往復外交

紛争当事国代表の直接の顔合わせが困難なため，米国の外交責任者が当事国間を何度も行き来して合意を目指す外交．ヘンリー・キッシンジャー(Henry Kissinger)が国務長官のころ，イスラエルとアラブ側の双方を行き来して和平をはかったときにできた言葉．【由来】織機の shuttle(稜)の連想から．

sign off on（案などを）承認する

silent majority《the 〜》サイレントマジョリティー，声なき大多数，声なき声，一般国民

ニクソン政権時にベトナム戦争反対の声が高まる中，大統領の政策を支持するものの大多数の市民がその意思表示を行わなかった．

♦It is vital to get the silent majority to stand up and let its voice be heard. 「声なき声」が立ち上がって声を上げることが不可欠だ．

silk stocking 富裕階級の人

【由来】昔は金持ちや貴族階級しか，高価な絹のくつ下を買えなかったところから．

silk stocking district 富裕階級が勢力をもつ選挙区

富裕層が住むニューヨーク市マンハッタン(Manhattan)区のアッパーイーストサイド(Upper East Side)の選挙区をこう呼ぶ．マンハッタンはリベラル派が多いが，この選挙区だけは共和党支持者が圧倒的に多い．

silver bullet 銀の弾丸

《俗》(問題を解決するための)確実な方法，特効薬．【由来】オオカミ男を銀の弾丸で殺せるという言い伝えから．

♦The new highway bill will not be the silver bullet to solve the region's immediate transportation problems. 新しいハイウェイ法案は，地域の直近の輸送問題解決の特効薬にはならないだろう．

single issue 単一争点

広範囲の政治上の争点がある中で，一つの政策だけに大きな焦

点を当てる選挙運動の姿勢.

- a single-issue party 単一争点政党
- single issue politics 単一争点政治.

single majority 単純多数

single resolution 単独決議

sitting (議会の)会期

session ともいう.

Situation Room 《the 〜》シチュエーションルーム

ホワイトハウスの地下にある(軍司令部の)戦況報告室, 危機管理室.

♦ Seated in the Situation Room, the President and his key advisors watched intently as the military action unfolded. 戦況報告室で大統領と主要顧問は軍事作戦の展開を注視した.

six-pack ⇨ Joe Six-pack

1600 Pennsylvania Avenue ペンシルベニア通り1600番地

ホワイトハウスの所在地の番地. ホワイトハウスの代名詞として使われる(cf. White House).

60 Minutes 「シクスティミニッツ」

毎日曜日に放送されるCBSテレビの長寿報道バラエティ番組(1968–). 一流ジャーナリストを起用し, 討論コーナーを設けている. 1979–80年にはバラエティ番組を抜き視聴率第一位となった.

slash-and-burn 形 焼き畑式の→(批判などが)容赦ない

♦ His proposed budget cuts are a perfect example of the new congressman's slash-and-burn approach to government. その新人下院議員による予算削減提案は, 彼の政府への容赦ない対応の最たる例だ.

sleaze factor スキャンダル(的な事)

政府高官などによる不正行為疑惑が政治・選挙に与える影響. sleaze(sleazyからの逆成語)は「浅薄さ, 低俗さ, 安っぽさ」の

意.

♦ The Democrats treated the opponent's sleaze factor more gingerly than might have been expected. 民主党は反対党の不正行為疑惑について予想以上に慎重な対応をした.

♦ Some politicians have a sleaze factor that can be explained by the abundance of unsavory advisors connected with them. 一部の政治家は何人ものとかく噂のある顧問たちと結びついており, 腐敗やスキャンダルに関わっているのもうなずける.

sleeper 表立っていないが重要な事柄

♦ Medicare began modestly in 1965, but sleeper provisions and changes in the law have vastly increased its costs over the years. メディケアは1965年に控えめな規模から始まったが, 想定外の規定や変更項目が法に盛り込まれており, 後年の大幅なコストアップにつながった.

slippery slope 滑りやすい坂道, 危険な先行き

♦ Even if small healthcare subsidies are approved this year, it is a slippery slope to increased costs and massive outlays. 小規模のヘルスケア補助金が今年承認されたとしても, コストアップや多額の支出を伴うことになりかねず, 先行きが危ぶまれる.

sloganeering スローガンによる運動, 宣伝活動

スローガンで影響を与えること.

slow walk ノロノロ歩く, 引き延ばしを図る

議会での審議を遅らせ, 審議未了を目指す議事妨害を行うこと (cf. filibuster).

♦ The opposition's leadership took steps to slow walk the bill through the legislature, so that the session would end before it would receive a vote. 採決が行われる前に会期を終わらせるべく, 反対党の首脳は法案審議で引き延ばし戦術に出た.

slush fund 賄賂[買収, 不正]資金

非公式な目的, 機密目的で使用するための資金. 政治関連で使用された場合は, 票の買収資金, 政治的賄賂の資金を意味する.

[由来] slush はスウェーデン語の slask(wet, filthy)だといわれている.

♦ The company had a secret half-million-dollar slush fund for entertaining Pentagon officials. その企業には国防(総)省役人を接待するために内密に 50 万ドルの資金を用意していた.

small government 小さな政府

政府の肥大化を阻止すべきという共和党保守派を代表する考え方. 財政赤字はインフレを促進し, 政府の大規模な援助による社会福祉は個人の自発的努力を阻害するので, 政府の財政支出を削減すべきだというもの(cf. big government; Reaganomics).

small-town Americans 地方都市のアメリカ人

一握りのエリートや, 大都市に住む人たちではなく, 地方の小都市や田舎に住む一般大衆のこと.

smear 動 (相手の)名誉を傷つける

♦ Unflattering television ads are used to smear opponents and convince voters they are an unfavorable choice. 対立候補の評判を貶め, 好ましくない選択だと投票者を説得するために, あからさまなテレビ広告が使われる.

smear campaign 組織的誹謗[中傷]

新聞報道などを通して意図的に人の評判を傷つけること. 特に選挙戦における妨害工作.

♦ The candidate was doing well in the polls six months ago, but it seems that this smear campaign has been effective in sowing a seed of doubt among voters. 半年前の世論調査でその候補者は健闘していたが, 今回の中傷合戦の結果, 投票者に疑問の種をまく効果をもたらしたように思える.

smear poll 対立候補中傷世論調査

選挙時に行われる, 特定候補者に肩入れした電話などによる「世論調査」(cf. push poll).

smoke and mirrors 巧妙なトリック[うそ], 人を欺くもの,

ごまかし

- ♦ They're using smoke and mirrors to make us believe there's a budget surplus. 彼らはあたかも予算にはまだ余裕があるかのように思わせる巧妙な偽装を用いている.

smoke-filled room 煙の立ちこめる秘密会議室

少人数による密室政治の舞台となる部屋. 政治的な策略や取引を行う場所の形容に使われる.

- ♦ Voters rejected the old way of picking candidates for their party's nominations—old men gathered in smoke-filled rooms hand picking their favorites. 有権者は, 支持政党の候補者の指名に際し, 旧態依然たる方法は拒否した. 今までは密室に集まった年寄りどもが, 彼らに都合の良い人物を選んできたのだ.

smoke screen 煙幕

偽装(工作), カムフラージュの意.

- lay down [put up] a smoke screen　煙幕を張る
- ♦ His campaign promises were just a smoke screen. 彼の選挙公約はカムフラージュに過ぎなかった.

smoking gun （悪事などの)決定的な[動かぬ]証拠

発砲直後のまだ硝煙のたちのぼる銃から転じ, 悪事やスキャンダルの確たる証拠を指すようになった.

- ♦ The discovery of a White House taping system revealed the smoking gun that led to Nixon's 1974 resignation. ホワイトハウスの録音装置が発見され, それが1974年にニクソンを辞任に追い込む決定的な証拠となった.
- ♦ The FBI investigated the scandal but could not uncover a smoking gun. FBIがスキャンダルの調査を行ったが, 確たる証拠を得られなかった.

snake-check 動 （事を)実施前に種々の観点から綿密に検討する

- ♦ I'd like to snake-check this policy thoroughly before we present it to the committee. 私は委員会に提出する前に，この政策を仔細にチェックしたい.

snakeoil / snake-oil（行商人の売り歩く）万病に効くという怪しげな水薬→（通例効果のない）まやかしの政策

- ◆The mayor's campaign promise turned out to be the same old snakeoil. 市長の選挙公約は，結局いつも通りのまやかしだった.

snipe 動 狙いをつける，狙い撃ちをする；あら捜しをする；非難攻撃する

- ◆A run for political office will invariably bring out opponents who will snipe at your policy positions. 公職選挙に出馬すると，政策・立場のあら捜しをする対立候補が決まって現れるものだ.

snollygoster ずる賢くて無節操な人

悪徳政治家［弁護士］の形容. snallygaster（鶏と子供を襲う怪物）の変形.

Snowbelt / snowbelt《the ～》豪雪地帯

太平洋から大西洋に及ぶ米国北部地域.

snowflake[1] 雪片，ひとひらの雪；すぐにひがむ人

比喩的にも使う.

- ◆Conservative commentators derided their Leftist counterparts as "snowflakes" easily offended by criticism. 保守主義的な評論家は，左系の評論家連中は批判を受けると容易に傷つく「雪片」のようなものだと嘲笑った.

snowflake[2]（週末に南部地方，特にフロリダ州に通って来る）北部人

soap（特に賄賂に使う）金銭

soapbox / soap-box 大道などで演説する人が台に使う木箱

- ●a soap-box orator 街頭演説家
- ●a soapbox speech 街頭演説
- ◆It seems in every city there's a guy on his soapbox ranting

about the government. どの町にも政府批判をしてわめき散らす街頭演説家がいるようだ.

soccer mom サッカーマム[ママ]

近所の子供たちをミニバンでサッカー場に送り迎えするような典型的中流家庭の母親. 1996 年の大統領選挙でクリントンを支持した(cf. security mom).

♦ With her kids secure in their car seats and ready for school, the woman behind the wheel looked like every other soccer mom in the neighborhood. 子供たちがきちんと車の座席に着いているか, 登校準備万端かを見届けて運転席に座るその女性は, 近所のどこにでもいそうなサッカーママさながらだった.

Social Security Administration 《the 〜》社会保障局

厚生省の連邦社会保障制度を監督する部局.

softball 簡単に答えられる問題

♦ Softballs aside, there have been a number of times when audience members asked substantive questions. 簡単な質問はさておき, 聴衆が事の本質に迫る質問をする場面が何度もあった.

soft landing ソフトランディング, 軟着陸

不況をもたらさずに, 急激な経済成長を抑制すること.

soft line 柔軟路線

特に政治における, 穏健で柔軟な態度[政策](cf. hard line).

soft money ソフトマネー

選挙運動に際して候補者の政党や政治活動委員会に寄せられる政治献金. 規制がゆるやかなので, 実際には候補者の政治資金となる(cf. hard money).

soft-pedal 動 (言葉の調子)を和らげる, 控えめに言う

solid South 《the 〜》ソリッド・サウス

民主党地盤の南部諸州. 南部は南北戦争後, 伝統的に民主党の強固な地盤であったが, 近年は共和党議員も選出されるようになった(cf. southern strategy).

sound bite／soundbite　サウンドバイト，一口発言

「耳に残る音」「耳を引き付ける音」が元の意味．ここから「テレビやラジオの番組で放送される政治家などが語った印象的な一言」を指すようになった．レーガン時代，大統領広報官は毎日，大統領が発言する「今日の一言」を考えたといわれる．

♦ The candidates on the political television shows are very good at talking in short sound bites, which delivers their messages without further editing.　テレビの政治番組に登場する候補者たちは，短いが気の利いたコメントを織り交ぜて話し，編集しなくても彼らのメッセージをそのまま伝えられる．

South Carolina　サウスカロライナ《略》S.C. (SC)

人口 約468万人(24位)　面積 82,932km²(40位)　加盟年 1788年5月23日(8番目)　州都 Columbia(コロンビア)　モットー (ラテン語)Animis opibusque parati (Prepared in mind and resources; 心と資源をもって備える)　愛称 Palmetto State(パルメットヤシの州)　大統領 ジャクソン(7代)　選挙人 9人(22位)　人種構成 Ⓦ 63.8 Ⓑ 27 Ⓗ 5.5　2016年 Ⓡ 55 Ⓓ 41　2012年 Ⓡ 55 Ⓓ 44　州議会 GA　州上院 SN　州下院 HR.

South Dakota　サウスダコタ《略》S.D. (SD)

人口 約82万人(46位)　面積 199,731km²(17位)　加盟年 1889年11月2日(40番目)　州都 Pierre(ピア)　都市 Sioux Falls(スーフォールズ)　モットー Under God the People Rule(神のもとで人が統治する)　愛称 Coyote State(コヨーテの州)　選挙人 3人(44位)　人種構成 Ⓦ 82.7 Ⓑ 1.7 Ⓗ 3.5　2016年 Ⓡ 62 Ⓓ 32　2012年 Ⓡ 58 Ⓓ 40　州議会 L　州上院 SN　州下院 HR.

southern strategy　南部戦略

南部の白人票を制するものは全国を制するという考え方．

♦ Nixon's "Southern Strategy" targeted conservative Democratic voters in Deep South states.　ニクソンの南部戦略は，深南部諸州の保守的な民主党支持者に焦点をあてたものだった．

Speaker of the House (of Representatives)《the 〜》下院議長

下院議員の互選で決まる．下院議長には多数党の実力者が就任するのが通例だが，その議事運営権限と党派的な力によって，上院議長よりも強力な院内指導力を発揮することがある．

special interest(s) 特別利益団体

特定の政治的利益のみを追求していこうとするグループ［団体，法人］．ロビー活動を通じ強力な政治活動を行う．

special session 特別開会

通常会期以外に開かれる特別議会．

spellbinder （聴衆を聞き入らせる)雄弁家

- a spellbinding politician　演説上手の政治家．

spin/spin control （マスコミに対する)情報操作

特定部分を強調する情報・報道操作．[由来] スピンをかけたくせ球という意味から(cf. spin doctor).

- With the right spin, the automobile parts manufacturer's recall could be seen as a benevolent public-interest gesture.　情報操作が正しく行われれば，自動車部品メーカーのリコールは公共の利益にかなう善意の姿勢と見られる可能性がある．

- The politician's efforts at spin control backfired when the truth behind the scandal came to light.　スキャンダルの背後にある真実が明るみに出ると，その政治家が行った情報操作が逆効果になった．

spin doctor 情報操作スペシャリスト

政治家のメディア対策アドバイザー．選挙中の政治家のスピーチやイベントが，どうしたら一般大衆に好意的に受け入れられるかについて助言する人(cf. spinmeister).

- Acme will need their best spin doctor to get through the recent hazardous waste scandal.　最近起きた有害汚染物質がらみのスキャンダルを切り抜けるには，アクメ社には優秀な情報操作スペシャリストが必要であろう．

spinmeister 情報操作スペシャリスト

spin doctor の数年後(1986年頃)に生まれた用語で, 時に否定的な意味を込めて「情報操作が極めて巧みな人物」(meister は master の意)を指す.

♦ Not even the best political spinmeister could parse the president's meaning any other way. もっとも優秀な情報操作のスペシャリストとて, 大統領の意図をこれ以外に分析しようがない.

splinter group / splinter party 分裂派, 分(離)派

分離したグループ, 党派.

♦ A small group splintered off and formed a new political group. 少数派が離脱して, 新しい政治グループをつくった.

split the vote (票を奪い合って)共倒れになる

split ticket 分割投票; 分割候補者名簿

(連記投票で)複数政党の候補者名を記入した投票用紙(cf. straight ticket).

spoiler 妨害立候補者

自身は当選の見込みはないが, 他の立候補者の票を横取りして落選させる目的で出馬する.

♦ He is perceived as a genuine factor in the presidential election, a certified political spoiler. 彼は極めつきの妨害候補者として大統領選で注目されている.

spoiler party 第三政党

選挙において相手方の勝利のチャンスをつぶすため, 特に二大政党のいずれかを分裂させる目的でつくられる第三政党のことを指す.

spoils system スポイルズシステム, 猟官制(度), 報奨人事

選挙での協力や政党活動の見返りとして, 政権を獲得した政党が忠実な支持者に官職を与える慣行. [由来] spoil とは「戦利品, 猟の獲物」の意.

♦ By winning the election, the new governor took advantage of the spoils system to hire his own political allies for civil servant jobs. 選挙に勝った新知事は，報奨人事で自分の支持者を公務員に起用した．

- To the victor belong the spoils of the enemy. 「政敵の占める官職は，政権を勝ちとった政党の手に渡る」(ことわざ)．

sponsor 動 法案を提出する；名 ❶選挙の後援者．❷(法案提出の)発起人，起草者

- The senator who sponsored the bill encouraged others to vote for it. 法案の発起人たる上院議員は，法案に賛成票を投じるよう他の議員に促した．

squeaky clean (洗髪して)とても清潔な→倫理的に非難の余地が無い；(政治家などが)清廉潔白な

- In Chicago the search was on for a squeaky clean candidate to fill the office of mayor. シカゴでは市長候補に清廉潔白な人物探しが行われた．

stack the deck トランプ札を密かに並び整える→人を不利な状況に置く

- Some candidates complain that debate organizers have stacked the deck against them. 一部の候補者は，彼らが不利になるようディベートの主催者が仕組んでいると不満を述べている．

stalking horse 当て馬候補

他の立候補者の影を薄くするため，ないしは敵を分断するために立てられる選挙の当て馬；相手陣営を分裂させるために立てられる候補者． 由来 猟師が獲物に忍び寄るとき，身を隠すために使用する馬から．

- He may be adopting the role of a stalking horse for the party, generating some momentum for change. 彼は変化をもたらす起爆剤となり，党のために「当て馬」の役を務めるのかもしれない．

stalwart 形 堅固な，信念の固い

（主義主張や政党などの）熱烈な支持者についていう際に用いる.

- a stalwart conservative 筋金入りの保守派.

stampede （群衆の）一斉逃亡, 殺到

特定の候補者支持への雪崩現象.

♦ After he announced support for a bill that would dramatically cut the cost of college, the senator expected a stampede of support from young voters. 大学の学費を劇的に減額する法案に対する支持を発表したその上院議員は, 若い有権者がこぞって彼を支持するものと期待した.

standard-bearer / standard bearer 旗手, 主唱者, 唱導者; 首領, 党首; 看板候補

♦ By winning the primary, Congressman Yarmuth became the official Democratic standard bearer in the general election. 予備選に勝利したヤーマス議員は, 総選挙で党も認める民主党の看板候補となった.

♦ She rose above her contemporaries to become the standard-bearer of the women's rights movement. 彼女は同時代の人たちに先駆けて女性の権利拡大運動の旗手となった.

standing committee 常任[常置]委員会

上院には予算・外交・司法など16の常任委員会, 下院には20の常任委員会が置かれ, さらに委員会の下に小委員会(subcommittee)がある. 実質的な審議は小委員会で行われる.

standing vote 起立投票[採決]

standpat 形 考え[決意]を変えない[曲げない], 頑固な

現状維持を主張する; 執拗に保守的な. 由来 (ポーカーで)手持ちのカードを変えないことから.

- a standpat conservative 頑迷な保守主義者.

standpatter 改革反対者, 現状維持論者

standupper （テレビニュースの）現場レポート

star-warrior 戦略防衛構想[SDI]の唱道者, スターウォーズ計画

賛成論者

Star Wars スターウォーズ計画

米国の戦略防衛構想(Strategic Defense Initiative/SDI)の俗
称. 1983 年に当時のレーガン大統領が提唱し, 開発を進めた
弾道ミサイル防衛システム. 技術・費用の両面から実現性が疑
問視され, ソ連の崩壊を受けて 1993 年 5 月に構想は中止され
た.

State of the Union Message[Address] 《the 〜》一般教書演説

毎年 1 月末ないし 2 月初頭, 大統領が連邦議会の両院合同会議
で国家の状態と立法プログラムの概要を報告する.

♦ The President indicated he would talk about foreign policy in
his State of the Union address. 大統領は一般教書演説で外交
について話すと示唆した.

states' rights / States' rights 州権

合衆国憲法のもとで, 各州は州独自の法律を可決・施行・解釈
し, また州独自の公共政策計画を遂行するかなりの自治権を有
している.

statute 制定法

議会(legislature)の可決した法律をいう.

stay-at-home (選挙の)棄権者

♦ Senator Smith lost the race because many expected support-
ers were stay-at-homes and sat out the election. スミス上院
議員が選挙に破れた原因は, 期待していた支持者の多くが投票
に出かけず棄権したためだった.

stay put そこにじっとしている

保守的である; 変化, 変革に反対する.

steamroller 動 強引に押しまくる

公正な審議を拒む(refuse a fair hearing); (議案などを)強引に
押し通す.

♦ The government is trying to steamroller a law through. 政府

は法案を強引に通過させようとしている.

steering committee 運営委員会

stem-winder 熱弁(をふるう人)

(政治家などの)名演説(cf. stem-winding).

- a stem-winder of a speech 熱のこもった第一級の演説.

stem-winding 形 極めて良い, 一流の

由来 stem-winding watch(竜頭巻き時計)から. 1839 年に創業したスイスのパテックフィリップ社(Patek Philippe)が 19 世紀後半に商品化した竜頭巻き時計は世界最高級(top-notch)と評され, 転じて米国では 1892 年頃から第一級の演説などの形容に使われるようになった.

- a stem-winding, hard-line speech on domestic violence 家庭内暴力についての, 第一級かつ妥協なき姿勢を示した名演説.

stone wall 石垣, 石壁→抵抗, 乗り越えがたい障害 (cf. stone-wall¹)

stonewall¹ 動 阻止する;(捜査などを)妨害する, 邪魔する

議事を妨害する(cf. filibuster).

- efforts to stonewall passage of the legislation 法案の通過を阻止しようとする努力.

stonewall² 動 (悪事などが発覚しないように)とぼける, 言い逃れをする

- When pressed for the facts, the senator began to stonewall. 事実をしつこく問い詰められると, 上院議員は言い逃れを始めた.

- He and his aides schemed to "stonewall" to keep the facts from coming out. 事実が発覚しないように, 彼と側近たちは意図的にとぼけることにした.

stonewalling (特に政治的に不都合な情報の暴露を避けるための)意識的な妨害, 回避, 議事妨害;遅延工作

(調査, 投票などを)意識的に妨害すること.

- stonewalling tactics 議事妨害戦術.

stop-by （特に政治家が）短時間立ち寄ること

straight ticket 純正投票，同一政党候補者投票，一括投票，公認候補

全票が同一政党の候補者に投じられた投票(cf. split ticket).

- vote a straight ticket　党公認候補に投票する
- run for an election on a straight ticket　党公認候補として立候補する
- He always voted the straight Republican ticket.　彼はいつもすべての共和党候補に投票した.

strange bedfellow 不思議なベッド仲間

ある事情で共に行動せざるを得なくなった奇妙な敵同士.

- The ultra liberal politician and his very conservative colleague were strange bedfellows in their support of the education bill.　共に教育法案を支持する超自由主義的な政治家と，保守的な彼の同僚は，同衾した奇妙な敵同士の関係だった.

Strategic Defense Initiative／SDI ⇨ Star Wars

straw in the wind 徴候

風向き[事の招来の成り行き，世論の動向など]を示すもの(symptom).

- Journalists are always looking for straws in the wind.　ジャーナリストは常に世論の動向にアンテナを張っている.

straw man わら人形→なんでもない問題[対立意見]

❶（すぐに論破されることを見越した）論拠の弱い議論(a weak argument).　❷党の支持に盲目的に従う（黒幕の）手先.

- The candidate's straw man argument—a misrepresentation of his opponent's platform—did not please voters.　対立候補の打ち出した政策綱領を，曲解して伝えるその候補者の論拠の弱い議論は，有権者の不評を呼んだ.
- The senator is trying to make himself seem strong by setting up men of straw.　その上院議員は架空の競争相手を設定して自分を強く見せようとしている.

straw poll / straw vote　非公式世論調査(an unofficial ballot), 模擬投票, 世論投票, 紙上投票

(選挙の投票前などに行われる)大規模な世論調査. 由来 a straw in the wind (風向き, 世論の動向を示すもの)から.

- ◆ The latest straw poll puts the incumbent president well ahead of his opponent, but it's eight weeks to the election, and a lot can happen in that time. 最新の世論調査によれば, 現職大統領が対立候補に相当の差をつけているが, 選挙までまだ8週間もありその間いろいろなことが起こり得るだろう.

strict constructionist　厳格な解釈者

米国憲法は狭義で, かつ文字通りに解釈すべきという考え方の人.

stump　名 演壇; 動 演説する

由来 昔の政治家が切り株(stump)を演壇代わりに使ったことから.

- ● stump it　遊説してまわる
- ● be on the stump　遊説中である.

stumping excursion　遊説旅行

subcommittee　小委員会 (cf. standing committee)

suffrage　(国政に関する)選挙権, 参政権, 投票権

アメリカでは特に女性の選挙権(women's suffrage)に関して用いられる.

suffragette　婦人参政権運動家, 参政権拡張論者

今日ではこの用語は, しばしば品位を傷つける表現と考えられている.

suffragist　参政権拡張論者; 婦人参政権論者

Sunbelt　《the 〜》サンベルト

米国バージニア州からカリフォルニア州の南部に至る地帯. 全般的に気候温暖, 降雨量が少なくて生活がしやすい.

sunset law　サンセット法, 行政改革促進法

一定の時期を定めて, 行政機関(administrative agency)の必要

性を再検討し，存続の必要ありと認められない限り廃止を義務づける法律．sunset(日没)から転じて不要な機関の廃止の意．

sunshine law　サンシャイン法, 情報公開法

政府機関の会議録その他の記録を一般公衆に公開するよう義務づける法律の通称．合衆国連邦政府については1966年にFOIA(Freedom of Information Act)が制定され，州にも同様の法律が多く見られる．[由来] 別名 Sunshine State(陽光あふれる州)のフロリダ州で始められたことから．

super delegate　特別代議員, スーパー代議員

予備選挙や党員集会の結果に関わらず，党大会で自由に投票できる代議員．連邦上下両院議員，州知事，歴代の正副大統領，党の幹部などが特別代議員となる(cf. delegate)．

supermajority　圧倒的多数

法案可決に必要な多数(たとえば過半数)をはるかに超えること．

Super PAC　スーパー PAC

Political Action Committee(政治活動委員会)の項を参照．2010年の最高裁判決で，支持する候補者や政党と直接協力関係にない政治活動であれば，献金額に限度を設けてはならないとの令が下された．その結果，スーパー PAC は無制限に資金を集めることが許され，テレビ CM などを利用して様々なキャンペーンを行っている．

Super Tuesday　スーパーチューズデー, 決戦の火曜日

大統領選挙が行われる年の3月上旬の火曜日．大統領予備選挙がこの日に多くの州(2020年はカリフォルニア，テキサスなど14州と米領サモア)で行われ，最多の全国党大会代議員が同時に選出される予備選挙前半戦の天王山ともいわれる．始まりは1980年代で，民主党が穏健派候補の選出を促す狙いがあったとされる．

♦In the wake of his triumphs on Super Tuesday, which effectively confirmed him as the Democratic nominee, he embarked on a 20-city fundraising tour. スーパーチューズデーで勝利し，民主党の候補指名を確実にして間もない彼は 20 都市の寄付金集めのツアーに旅立った．

Supreme Court of the United States 《the ～》連邦最高裁判所

司法部門の最上位の組織．連邦最高裁長官と 8 人の陪審判事から成り，全員が大統領の指名を受け，上院の承認を受ける．

surrogate 代理人，代行人

suspension of the rules 議院規則適用停止動議，サスペンションルール

この動議が提出されると，賛否両論 20 分ずつの審議を経て，動議に対する賛成者が出席議員の 3 分の 2 を超えれば議案が可決されたと見なされる．上院の場合は全会一致の合意が必要．

 ♦ The House suspended procedural rules to speed the passage of this non-controversial bill. 下院は議論の余地のないこの議案の早期可決を図るべく，議院規則で定められた手続きの適用停止動議を提出した．

swearing-in 宣誓就任式

sweep into power／sweep into office 動 （政党などが）楽勝で政権に就く

swing state 揺れ動く州，激戦州，スイングステート

民主，共和両党の固定支持勢力が少なく，浮動票(swing voter)が多いため，大統領選挙のたびに両党の支持率の順位が入れ替わる(swing)州．purple state とも呼ばれる(cf. blue state; red state)．

swing voter 浮動票投票者，浮動層，無党派の人

選挙においてどの候補者に投票すべきか判断がつかない人，特定の政党を支持せず状況によって投票態度が揺れる有権者(cf. undecides)．

system 《the ～》(支配)体制(the Establishment)，既成の権力構造

T, t

table 動 《米》(議案を)棚上げする；《英》(議案を)討論にかける 《米》《英》でまったく反対の意味になる.

- table the bill＝put the bill on the table 《米》議案を棚上げする；《英》議案を俎上に載せる.

Taft, William ウィリアム・タフト

William Howard Taft(1857–1930), 第27代大統領(共和党, 1909–13), オハイオ州出身. 共和党内でセオドア・ルーズベルトと対立し, 党の弱体化をもたらした. 1912年の大統領選ではルーズベルトが第三党の革新党から出馬し, 結果的にウィルソンに惨敗を喫した.

take a walk 対立政党の候補者を支持する

take the fifth 黙秘権(the right of silence)を行使する

❶《米国憲法修正第5条で保証されているように)自己に不利益な証言をしない. ❷ノーコメントである, 答える必要はない, 黙秘する.

- "Are you a member of the American Communist Party?" "I take the fifth." 「あなたは共産党員なの」「そんなこと君の知ったことではない」.

take the pulse 反応を探る

- The campaign has been taking the pulse of voters to determine the most effective next steps. 選挙対策本部は次にとるべき最も有効な手段を決定すべく, 投票者の意向を探ってきた.

talkathon 長演説

議員などの引き延ばし演説.

talking heads (テレビ・映画などの画面いっぱいに現れる)特

に政治家の顔

選挙中のテレビコマーシャルで決まった原稿を読むだけで感情を全く見せない立候補者の面々.

talking point 論点, 論題, 議論のための話題

task force （特殊任務のために編成された）対策委員会, 特別調査団

- a Presidential task force on welfare and poverty 福祉と貧困に関する大統領直属の特別委員会.

tax and spend／tax-and-spend 形 増税路線の, 高福祉・高負担の

福祉や教育に対する多額の公共支出を維持するために高い税金を課すこと. 特に右派がリベラル派を攻撃するとき使われた.

- Due to the wild spending and massive tax increases in this year's budget, they voted against the tax and spend plan six times. 本年度予算における無茶な支出と過大な増税を理由に, 彼らはその高福祉・高負担志向の予算案に6度も反対した.

tax-and-spend Democrat 増税路線の民主党

増税して社会福祉を拡大しようとしているとして,「大きな政府」を目指すリベラルな民主党（員）に対して保守的な共和党員が張ったレッテル.

tax revolt 納税者の反乱

特に固定資産税の急速な増税に反対し, 税率を元に戻すための運動. 1978年カリフォルニア州の Proposition 13（住民投票事項13）に端を発し, 多くの州で成果を上げた（cf. Proposition 13）.

Tea Party 《the ～》ティーパーティ, 茶会党

2009年以降オバマ大統領の諸政策に反対する運動を展開した草の根保守的政治運動集団.

technocracy テクノクラシー

技術者，科学者に社会体制の支配を委ねるべきだとする考え．

Teflon テフロン（絶縁材料；コーティング材の商標名）→鉄面皮・ポーカーフェースの人

◆It would seem that the politician is made of Teflon; all the negative news slides right off him. ネガティブなニュースなどは右から左で一向に意に介さないその政治家は，まるでテフロンでできているみたいに鉄面皮だ．

Teflon factor 《the 〜》テフロン効果

1984 年の大統領選挙でレーガン大統領が失言や失策をしてもユーモアなどでかわし，決定的な打撃とならなかったことをいう(cf. Teflon)．

Teflon (coated) President 《the 〜》テフロン（コーティングをした）大統領

問題や失敗があっても汚名を免れたレーガン大統領のこと(cf. Teflon; Teflon factor)．

television debate / TV debate テレビ討論

1960 年 9 月 26 日，10 月 7 日，13 日，21 日に，民主党候補のケネディと共和党候補のニクソンによる，大統領選挙史上初のテレビ討論が行われた．全米で 7 千万人近くが視聴したといわれる．

teller 投票集計係

Tennessee テネシー 《略》Tenn. (TN)

[人口] 約 640 万人(17 位) [面積] 109,151km^2(36 位) [加盟年] 1796 年 6 月 1 日(16 番目) [州都] Nashville(ナッシュビル) [都市] Memphis(メンフィス) [モットー] Agriculture and Commerce(交易と農業) [愛称] Volunteer State(志願兵の州) [選挙人] 11 人(14 位) [人種構成] Ⓦ 74.3 Ⓑ 16.7 Ⓗ 5.2 [2016年] Ⓡ 61 Ⓓ 35 [2012年] Ⓡ 59 Ⓓ 39 [州議会] GA [州上院] SN [州下院] HR.

term limits 任期制限（運動）

公職に選任された者の任期制限設定を推進しようとする 1970 年代の運動．

♦ The election reformer worked tirelessly for term limits, believing that elected individuals would not serve properly if they could ostensibly rule forever. 一度当選すると，あたかも永遠に議員でいられると思い違いをしている政治家は役に立たないと信じる選挙改革論者は，議員の任期制限を実現すべくたゆみない努力をした．

Texas テキサス 《略》Tex. (TX)

[人口] 約2567万人(2位) [面積] 695,621km²(2位) [加盟年] 1845年12月29日(28番目) [州都] Austin(オースティン) [都市] Houston(ヒューストン) [モットー] Friendship(友情) [愛称] Lone Star State(一つ星の州) [大統領] アイゼンハワー(34代)，リンドン・ジョンソン(36代) [選挙人] 38人(2位) [人種構成] Ⓦ 42.9 Ⓑ 11.7 Ⓗ 38.9 [2016年] Ⓡ 52 Ⓓ 43 [2012年] Ⓡ 57 Ⓓ 41 [州議会] L [州上院] SN [州下院] HR [友好] 愛知県.

think piece (新聞の)解説記事，論説的記事

通例記者の署名入りで，政治・経済・外交問題を扱う．

Third House/third house 《the 〜》第三院

院外団体の俗称．

third party 《the 〜》第三党

二大政党のいずれとも政策が異なる政治家が，一時的に結成する政党．第二次世界大戦後の第三政党としては，1948年の深南部民主党の離脱(Dixiecrat)や，1968年のジョージ・ウォレス(George Wallace)のアメリカ独立党の活動などがある．

♦ Americans are an easygoing people who never stay mad long enough to get a third party well organized. アメリカ人は暢気な国民で，第三党が一向に組織されなくとも，それについていつまでもカッカしたりはしないのさ．

third rail 《the 〜》《鉄道》給電用の第三軌条

触れば感電死する軌条．政治家にとって社会保障制度などとかく扱いが難しいテーマを指す．

♦ "Social Security—they used to call it the third rail of Ameri-

can politics," said President Bush in 2007. 「社会保障はかつ
てアメリカ政治の第三軌条と言われたものだ」と2007年に
ブッシュ大統領が述べた.

third reading 《the ～》第三読会

第二読会(second reading)を経て浄書された議案を採決に付す
前に名称だけ読み上げる.

Thousand Days ⇨ A Thousand Days

thousand points of light 《a ～》千点の光

アメリカの多様性のシンボル. ボランティア活動や地域のコ
ミュニティ活動を賞賛すべきものとしてとらえる際の隠喩.
1988年の大統領選でジョージ・H・W・ブッシュがこの表現を
用いた.

thumbs-down／thumbs down 拒否

拒否, 拒絶, 不賛成《親指を下に向ける仕草から》.

thumb-sucker 親指しゃぶりをする幼児

新聞の日曜版のゆとりのある紙面などに, 政治記者があたかも
子供に手ほどきをするように懇切丁寧に解説する論調(cf.
think piece).

thumbs-up／thumbs up 承認

承認, 了承, 賛成《親指を立てた手を相手に見えるように示す仕
草から》.

ticket ❶党公認候補者. ❷政権, 主義

❶は党の全国大会で指名された正副大統領の名前を列記した
投票用紙から.

- ♦ Ronald Reagan and George Bush are on the Republican ticket. レーガンとブッシュは共和党の公認候補者である.

tie-breaking vote 勝敗を決する最後の1票

- ♦ The Constitution provides for the Vice-President to cast a
  tie-breaking vote if the Senate is deadlocked with a 50/50
  split on a bill. 上院の採決が50対50で行き詰まった場合, 最
  後の一票(a casting vote)を副大統領が投じることが, 憲法で規

定されている.

Time is now. 今こそ

1980年大統領選で, レーガン共和党候補が, 米国の対外威信の回復, 強力な軍事力の回復と経済の再建を唱え, スローガンとして掲げたもの.

tire kicker 話ばかりで行動しない人

自動車販売店でタイヤをけとばしてみるだけで買わない客が多いことから転じて, 話ばかりで実行が伴わない政治家や役人を指す.

♦ On the issue of infrastructure, Congressman Smith kicks the tires but will not publicly support a specific plan to improve America's highways and bridges. スミス議員はインフラ(ストラクチャー)の問題についてあれやこれやといろいろと論評はするが, アメリカの高速道路や橋梁の具体的な整備計画に話が及ぶと, いずれのプランに対しても公に支持を表明してはいない.

tokenism (人種差別廃止などでの)口先だけの協力, 名目だけの努力

too close to call (選挙が)接戦で結果の予測がつかない

♦ Both sides conceded that the primary in Florida was too close to call. 両陣営はフロリダ州の予備選挙が接戦で, 結果の予測がつかないと認めた.

toss-up 接戦

五分五分の見込みでどちらともいえない争い.

♦ The race between the long-time incumbent and the 30-year-old first time candidate was rated as a toss-up. 長年務めている現役議員と30歳の新人候補の争いは大接戦が予想された.

toss-up state 激戦州

town(-hall) meeting タウン(ホール)ミーティング

(町政執行のため全有権者が集まる)町民会のことだが, 第39代大統領カーターは「市民との対話集会」にこの名称(town

meeting)を用いた．人口増加に伴い，町(town)の機能は郡
(county)や市(city)の行政に移行しつつある．town は最小の地
方政治単位で，実態としては町または村を指す．

- ◆At his first town-hall meeting, the congressman was booed
for his unpopular healthcare positions. 初めて出席したタウン
ホールミーティングで，ヘルスケア問題に関する立場で不人気
な立場を博しているその下院議員はブーイングを浴びた．

trade-off 取引；慣れ合い
- ●a political tradeoff　政治的取引．

transition team 政権移行チーム
- ◆He served as head of Trump's inaugural committee and as an
adviser to the presidential transition team. 彼はトランプ氏の
大統領就任委員会のトップを務め，かつ政権移行チームのアド
バイザーも務めた．

tree hugger 急進的な環境保護運動家
特に樹木の伐採制限を求める運動家への揶揄的な表現．
- ◆The tree huggers lobbying for the environmental bill said
they wouldn't give up until they won. 環境保護法案でロビー
活動をしている環境保護運動家は，勝利するまで活動をやめな
いと述べた．

trial balloon 観測気球
世論の反応を見るために発表する部分的な談話・声明など．
由来 もともとは，風力その他の計測のための観測気球の意．
- ◆She's been floating trial balloons about a possible run for
Congress. 彼女は連邦議会に立候補する可能性を示唆して，世
論の反応をうかがっているところだ．

triangulation 三角測量
(政治家の)妥協的行動[手段]．民主党のクリントン大統領は2
期目の選挙にあたり，民主党内リベラルから距離を置くことに
よって中道寄り(centrist)のイメージをつくる妥協的な手法を
用いた．

♦ Bill Clinton was known for his triangulation, incorporating key elements from his opponents into his own proposals. ビル・クリントンは反対党の主要政策を拝借して自分自身の政策提案に組み入れるという「三角測量」で知られた.

trigger-happy 形 (思慮を欠いてささいなことに)攻撃的な, 批判的な

♦ The new president is seen as a trigger happy, reckless chief executive who will pull the country into a disastrous war. 新大統領は国を悲惨な戦争に導く, 向こう見ずで好戦的な最高行政官と見られいる.

trimmer 日和見主義者

♦ He's a trimmer, a politician of convenience who moves his positions around, depending on which way the wind is blowing. 彼は風向きによって立場をくるくる変えるご都合主義の日和見政治家だ.

troop 《集合的に》(選挙候補者などの)支援者, 運動員

true believer 狂信的な支持者

同じ党の党員からみれば極めて忠実な支持者とみられるが, 他党の党員からみれば狂信的とみられる.

♦ It's impossible to argue with those true believers, as they think any counterevidence is proof of an evil conspiracy. 狂信的な支持者と議論はできない. 彼らはいかなる反証も邪悪な陰謀の証拠だと考えているからだ.

true bill 正式起訴状

大陪審(grand jury)により承認, 作成された起訴状(indictment).

true-blue 形 主義・党派などに忠実な

● a true-blue conservative 筋金入りの保守主義者.

Truman, Harry ハリー・トルーマン

Harry S. Truman(1884–1972), 第33代大統領(民主党, 1945–53), フランクリン・ルーズベルト政権の副大統領(1945), ミ

ズーリ州出身．当時の大統領であったフランクリン・ルーズベルトの死去により，その後継として副大統領から大統領に就任．広島，長崎への原爆投下を決定した．1947 年トルーマンは共産主義に抗する諸国には経済援助を行うと表明，この対共産圏冷戦外交をトルーマン・ドクトリン(Truman Doctrine)という．

Trump, Donald ドナルド・トランプ

Donald John Trump(1946–)，第 45 代大統領(共和党，2017–)，ニューヨーク州出身．「不動産王」として知られた実業家で，政治家や軍人としての経験をもたない初の大統領となった．「アメリカ・ファースト」をモットーとし，国際協調より自国優先主義をとった(cf. Make America Great Again!)．

tub-thumping 熱弁，大演説

♦ Politicians' tub-thumping won't generate an economic recovery—but well-designed job-creating government policies will. 政治家の熱弁ではなく，政府が雇用創出構想を練りに練ってこそ景気が浮揚するのだ．

turf / turf battle / turf war 縄張り争い

♦ The Chief of Staff's resignation resulted from a divisive turf war among Cabinet members. 首席補佐官辞任の原因は，政府高官たちの意見の相違を伴う縄張り争いにあった．

Twelfth Amendment 《the 〜》憲法修正第 12 条

1804 年に成立した大統領選挙の方法を変更する修正条文で，選挙人(elector)は投票時に，大統領と副大統領を指定して投票するよう定められた．

Twentieth Amendment 《the 〜》憲法修正第 20 条

1933 年に成立した修正条文で，大統領・副大統領・議員の任期開始時を定めるとともに，大統領・副大統領の代行制度を設けたもの．当初，これらの職の任期の開始は 3 月 4 日であったが，この修正により大統領・副大統領は 1 月 20 日正午，議員は 1 月 3 日正午となり，同時に定例議会もその日時に集会することになった．

Twenty-fifth Amendment《the 〜》憲法修正第 25 条

1967 年に成立した修正条文で, 大統領の死亡・辞職または職務遂行が不可能な場合, 副大統領がその職を継承し, 空位の副大統領職は新大統領の指名により補充することを定めた.

Twenty-fourth Amendment《the 〜》憲法修正第 24 条

1964 年に成立した修正条文で, 連邦選挙における選挙権行使の要件として, 人頭税(poll tax)そのほかの税を課すことを禁止したもの(cf. poll tax).

Twenty-second Amendment《the 〜》憲法修正第 22 条

1951 年に成立した修正条文で, 大統領の選出回数を 2 回までに限ったもの. 任期内で大統領の交替が起こったときは, その残りの任期が 2 年以内であれば 2 期務めることが可能であるが, 2 年以上であれば 1 期となる.

Twenty-sixth amendment《the 〜》憲法修正第 26 条

1971 年に成立した修正条文で, 連邦・州を問わずすべての選挙における選挙年齢を 18 歳以上とするとしたもの.

twofer / two-fer[1] ふたまた候補者

民族や性別など, 2 つの少数派集団に属し, 2 つの有権者層に訴えることのできる人(Two for One), 特に黒人の女性.

twofer / two-fer[2] (劇場などの)1 枚分の料金で 2 枚買える切符

◆This election could be a twofer—we win the White House and the Supreme Court. 今回の選挙で我々はホワイトハウス(行政府)と最高裁判所(司法府)の両方で勝てるかもしれない.

two-party system 二大政党制度

two-thirds rule 3 分の 2 制

大統領および副大統領候補の指名に, 全国大会代議員の 3 分の 2 の票を要するという民主党の規則. 1832 年から 1936 年まで実施.

U, u

ugly season　気が滅入るシーズン

予備選の何か月も前からテレビや新聞などによるネガティブ
キャンペーンが始まる憂鬱なシーズン.

- ♦It's the ugly season—a year before the first primary and the candidates are already campaigning in Iowa.　最初の予備選の前年に候補者が早くもアイオワで遊説する, 気が滅入るシーズンの到来だ.

unanimous consent　全会一致の同意

Uncle Sam　アンクル・サム

合衆国政府と合衆国自体を表す人物名. アンクル・サム(その頭文字 US は合衆国の略語)はシルクハットをかぶり, 星条旗の服を着た, 灰色の山羊髭をつけた老人として描かれている.

- ♦Don't forget, Uncle Sam will want to take a share of your profits on that deal.　どうかお忘れなく, アンクル・サム(合衆国政府)がその取引で得られる利益の一部を頂戴したいと申しておるぞ.

undecideds　《集合的に》浮動有権者

支持する候補者(または政党)を決めかねている有権者.

underclass　アンダークラス, 最下層階級

大都市のスラムに住み, 多くはそこから抜け出せない, 少数派の最下層の人々.

underdog　負け犬

試合や選挙などで勝ち目の薄い[負けそうな]人.

- •the underdog effect　アンダードッグ効果《有権者が負けそうな候補に投票する現象》
- ♦The virtually unknown candidate was an underdog, but he

went on to win the election. ほとんど無名の候補者で勝ち目はなかったが, 一気に当選してしまった.

undocumented alien 密入国者

undue influence 《法律》不当威圧

人の自由意志による判断を妨げるような圧力をかけること.

♦ The governor exerted undue influence over the audit of the pension system. 知事は年金制度の監査について不当威圧をかけた.

unfinished business やり残した仕事→審議未了事項, 未完の仕事

政治の世界では, 政治家が再出馬する際の口実に使われる.

♦ The incumbent President running for the second term has a substantial amount of unfinished business to address—particularly, the fight against climate change. 二期目の再選を目指し出馬した現職の大統領には, やり残しの宿題が多々ある. 特に気候変動との戦いだ.

unholy alliance 不自然な同盟

意見が一致していないのに政治的に結びつくこと. 敵同士が手を結ぶ戦略同盟.

● an unholy alliance of money and politics 富裕層と為政者との薄汚い癒着関係

♦ On this foreign policy issue, Democrats and Republicans joined an unholy alliance to undermine the President. この外交政策については, 民主党と共和党が一時停戦で手を組み, 大統領の立場を危うくしようとした.

unilateralism 一国主義, (軍縮などの)一方的外交, 単独主導[覇権, 行動]主義

United States Constitution 《the ～》合衆国憲法

合衆国を統治する基本的な法律や原則が盛り込まれている国家の最高法規. 政府の権限および責任と国民の権利を定めた. 合衆国憲法は憲法制定会議(Constitutional Convention)によって起

草され，後に「権利の章典」(the Bill of Rights，憲法修正第1–10条)やその他の憲法修正条項が追加された(cf. Bill of Rights).

United States of America 《the ～》アメリカ合衆国

50州とコロンビア特別区から成る連邦共和国．首都はWashington, D.C.(ワシントンDC)．[人口] 約3億2775万人 [面積] 9,826,632km^2.

up for grabs 誰でも可能性のある，より取り見取りの

♦ When the congressman resigned in the middle of his term, opponents sensed the seat would be up for grabs. その議員が任期半ばで辞任すると，空いた議席は誰にでも獲得のチャンスがあると対立候補はかぎつけた.

♦ The nomination for the county judge was up for grabs. 郡判事の候補指名は誰でも簡単にとれた.

up-or-down vote 浮動票，信任投票

upper echelon 上層部，上級機関

♦ Those in the upper echelons of the Democratic Party were determined to crush his bid for reelection. 民主党の上層部の人たちは，彼の再選をつぶすとの固い決意をもっていた.

Upper House 《the ～》上院

up-to-speed/up to speed 期待通りの速さ[水準]で

• bring up to speed　会議や公聴会の前に情報や事実などを知らせておく；ブリーフィングをする

♦ By now, our political leaders are up to speed. 今のところ，政治指導者たちは期待に応えている.

Utah ユタ《略》Ut.(UT)

[人口] 約281万人(34位) [面積] 219,887km^2(13位) [加盟年] 1896年1月4日(45番目) [州都] Salt Lake City(ソルトレークシティ) [モットー] Industry(勤勉) [愛称] Beehive State(ハチの巣州)；Land of Mormons(モルモン教徒の国) [選挙人] 6人(30位) [人種構成] Ⓦ 79 Ⓑ 1.1 Ⓗ 13.7 [2016年] Ⓡ 45 Ⓓ 27 [2012年] Ⓡ 73 Ⓓ 25 [州議会] L [州上院] SN [州下院] HR.

V, v

VA ⇨ Department of Veteran's Affairs; Veterans Administration

Veep 《話》副大統領(Vice President)

あまり尊敬の念が込められていない呼び方.

vehicle 「乗り物」

クリスマスツリー法案に便乗する法案(cf. Christmas tree bill).

Vermont バーモント 〔略〕Vt. (**VT**)

〔人口〕約 62 万人(49 位) 〔面積〕24,901km^2(45 位) 〔加盟年〕1791 年 3 月 4 日(14 番目) 〔州都〕Montpelier(モントピーリア) 〔都市〕Burlington(バーリントン) 〔モットー〕Freedom and Unity(自由と統一) 〔愛称〕Green Mountain State(緑の山州) 〔大統領〕アーサー (21 代), クーリッジ(30 代) 〔選挙人〕3 人(44 位) 〔人種構成〕Ⓦ 93.2 Ⓑ 1.2 Ⓗ 1.8 〔2016年〕Ⓡ 30 Ⓓ 57 〔2012年〕Ⓡ 31 Ⓓ 67 〔州議会〕GA 〔州上院〕SN 〔州下院〕HR.

Veterans Administration/VA^2 退役軍人管理局

連邦政府の一機関で, アメリカ軍の退役者とその扶養家族に対する給付金の分配を統括する.

veto power 拒否権行使

議会で可決された法案を大統領が拒否し, それによって法案の成立を阻止する行為. 上下両院で 3 分の 2 以上の多数をもって再議決すれば, 連邦議会は拒否権を覆すことができる(cf. presidential veto).

veto-proof 〔形〕拒否権の行使に対抗できる (cf. veto power)

- veto-proof majority （大統領の)拒否権の行使に対抗できる大多数
- veto-proof Congress （大統領の)拒否権の行使に対抗できる議

会《veto-proof majority を有する》.

Vice President　副大統領

副大統領は憲法に基づき上院議長の職を兼ねるが，議場では発言できず，賛否同数の場合に限り投票できる．議長職が（死亡や辞職により）欠けている間は，上院仮議長が常任の上院議長として奉職する．口語では Veep と呼ばれることもある（cf. Veep）.

videocracy　テレビ政治

テレビの宣伝効果や影響を重視して行われる政治．

views and estimates　所管省庁の予算見積もり

Virginia　バージニア《略》Va.（VA）

正式には State of Virginia ではなく Commonwealth of Virginia と呼ばれる　[人口] 約810万人（12位）　[面積] 110,785km^2（35位）　[加盟年] 1788年6月25日（10番目）　[州都] Richmond（リッチモンド）　[都市] Virginia Beach（バージニアビーチ）　[モットー]（ラテン語）Sic semper tyrannis（Thus always to tyrants; 専制者には常にかくの如し）　[愛称] Old Dominion（古き領地；旧自治領）; Mother of Presidents（大統領の母の州）　[大統領] ワシントン（初代），ジェファソン（3代），マディソン（4代），モンロー（5代），ウィリアム・ハリソン（9代），タイラー（10代），テイラー（12代），ウィルソン（28代）　[選挙人] 13人（12位）　[人種構成] Ｗ 62.6 Ｂ 18.8 Ｈ 9　[2016年] Ⓡ 44 Ⓓ 50　[2012年] Ⓡ 47 Ⓓ 51　[州議会] GA [州上院] SN [州下院] HD.

vision of America　アメリカのビジョン

1988年の大統領選挙でジョージ・H・W・ブッシュが用いた．

vital statistics　人口動態統計

出生・死亡・結婚などの統計．

viva voce vote　口述[口頭]による投票

viva voce の原義は「生きた声」．書面でなく口頭によること．

voice vote　発声投票

- ●in a voice vote 満場一致の投票で
- ◆The delegates roared approval in a voice vote.　代議員は満場

一致で「賛成」と声をあげた.

vote down （議案を）投票で否決する

- ◆The measure was voted down, six to one. その案は 6 対 1 で否決された.

vote-getter 集票力の強い候補者

vote of nonconfidence 不信任投票

no-confidence も「不信任」だが, 他に「不信任動議, 不信任案提出, 不信任投票」の意味がある.

vote padding 票の水増し

[由来]「票を詰め込む」という意味から.

voter 投票者; 有権者

voter fraud 不正投票

voter registration 有権者登録

米国は日本のような住民基本台帳がないため, 自動的に選挙人名簿に登録されることはなく, 選挙人名簿に自己申告で登録しなければ投票資格が生じない.

voter turnout 投票率

W, w

waffle 動 あいまいな態度をとる, 優柔不断な態度をとる

政治家などが旗幟(き)を鮮明にせず, あいまいなことを言うこと.

♦ Clinton waffled on gays in the military. クリントンは軍の同性愛者問題ではあいまいな発言をした.

wag スポークスパーソン；コメンテイター

waitress mom ウェイトレスマム

都市と近郊部に住むシングルマザーで, ウェイトレスなどの低賃金の仕事に就いている.

walkaway／walkover （選挙の）楽勝

由来 他に出走(馬)がいないとき, 単走で勝ちになる意.

● a political walkaway 政治的楽勝

♦ The election was not really a walkover for the incumbent, as the press predicted. 選挙はマスコミが予想したような, 現職の一方的勝利とはならなかった.

walking-around money 選挙運動資金

選挙の運動員が投票依頼などで歩き回れるようにと, 手渡される現金. street money ともいう.

Wallace, Henry ヘンリー・ウォレス

Henry Agard Wallace(1888–1965), フランクリン・ルーズルト政権の副大統領(民主党, 1941–45), アイオワ州出身.

war chest 戦費

(選挙運動などへの)軍資金, 活動資金.

♦ The senator's war chest was so formidable it had scared away many a potential challenger. その上院議員は潤沢な選挙資金を準備しており, 多くの挑戦者が恐れをなして立候補を見

合わせた.

ward heeler 地区政界ボスの子分(の一人)

war horse 歴戦の強者, (政界などの)古強者

War on Poverty 《the ～》貧困との戦い (cf. Great Society)

war powers 戦争遂行能力;行政府の非常大権

♦Congress and the White House have long had a tug-of-war over war powers. 議会とホワイトハウスは,戦争遂行能力について長年主導権争いをしてきた.

War Powers Act 《the ～》戦争権限法

ベトナム戦争の反省から大統領の戦争権限に制約を加えるために 1973 年に上下両院で成立した共同決議.

Washington ワシントン《略》Wash. (WA)

[人口] 約 683 万人(13 位) [面積] 184,665km^2(18 位) [加盟年] 1889 年 11 月 11 日(42 番目) [州都] Olympia(オリンピア) [都市] Seattle(シアトル) [モットー] (チヌーク混成語)Alki (bye and bye; 徐々に) [愛称] Evergreen State(常緑の州) [選挙人] 12 人(13 位) [人種構成] Ⓦ 69.8 Ⓑ 3.5 Ⓗ 12.3 [2016年] Ⓡ 37 Ⓓ 53 [2012年] Ⓡ 41 Ⓓ 56 [州議会] L [州上院] SN [州下院] HR [友好] 兵庫県.

Washington, D.C. ワシントン D.C. 《略》D.C. (DC)

Washington District of Columbia. 合衆国の首都. フィラデルフィアより 1800 年遷都. 連邦政府の諸機関が置かれているコロンビア特別区. 連邦議会の直轄地でどの州にも属さない. [人口] 約 61 万人(50 位) [面積] 177km^2(51 位) [モットー] (ラテン語) Justitia omnibus (Justice for all; 万人への正義) [愛称] Capital City(首都の町) [選挙人] 3 人(44 位) [人種構成] Ⓦ 36 Ⓑ 46.9 Ⓗ 10.7 [2016年] Ⓡ 4 Ⓓ 91 [2012年] Ⓡ 7 Ⓓ 91.

wasp/WASP ワスプ

[頭字語] White, Anglo-Saxon, Protestant. アングロ・サクソン系白人プロテスタント. 特にアメリカ人で中・上流階級に属し, イギリスや北ヨーロッパからの移民の子孫で, 父祖の文化的・宗教的伝統を信奉している人々.

watchdog　監視役

市民の権利の侵害，公的資金の流用や浪費，不正行為などがないかを監視する．

♦ The senate's new mining bill will be closely monitored by environmental watchdog groups.　上院の新しい採鉱法案は環境監視グループに厳しく監視されることになろう．

watchdog committee　監視委員会

CIA の活動に対する議会の監視委員会．

watchword　標語，スローガン

政治家が掲げるスローガンや標語．

Watergate　ウォーターゲート事件

1972 年ニクソン大統領の政治疑獄への関与が発覚，1974 年現職大統領が辞任に追い込まれた米国史上最大の政治スキャンダル．そこから(一般に)スキャンダル，特に証拠隠蔽工作などの事件についていう．

♦ The indelible lesson of the Watergate scandal was that "It's not the crime, it's the cover-up."　ウォーターゲート事件から得た決して払拭できない教訓は，問題となるのは犯罪それ自体ではなく，証拠隠蔽工作にあったということである．

watershed　分水界，分岐点

出来事の流れを変えるもの，重要な分岐点，転換点，重大な時期，重要なヤマ場．

● a watershed election　重大な分岐点となる選挙; 天下分け目の選挙戦

♦ The agreement was a watershed in the history of both nations.　その合意は両国にとって歴史上の転換点となる一大事であった．

Ways and Means Committee　《the ～》下院歳入委員会

米国憲法は歳入に関しては下院に優越権を与えているため，きわめて重要な常任委員会．

weathervane　風見の役をするもの，投票動向を測る指針となる

もの

政治(世論)の動向を示す.

♦ Politically he was known as the "weathervane," for his ability to shift as it suited him. 自分の都合に合わせて立場を変え得る才能がある彼は, 政治的な「風見」と呼ばれた.

web issue　網型争点

選挙において, 異なる党派の人々を特定候補支持で一本化するのに有効な争点.

♦ The challenger's tax increase proposal was the incumbent's web issue. 挑戦者の増税案は異なる党派をまとめるのに資する, 現職議員にとっては「網型争点」であった.

wedge issue　くさび型争点

分断争点(選挙において, 陣営内に分裂を引き起こし得る論点).

♦ When the challenger announced that he would support a tax increase to reduce the national debt, the incumbent knew she had found her wedge issue. 挑戦者が国の負債を減らす目的で増税を支持すると述べた際, これこそは敵陣営に分裂を起こさせる攻めどころだ, と現職議員は感づいた.

West Virginia　ウェストバージニア 《略》W.V. (WV)

[人口] 約185万人(37位)　[面積] 62,755km^2(41位)　[加盟年] 1863年6月20日(35番目)　[州都] Charleston(チャールストン)　[モットー] (ラテン語)Montani semper liberi (Mountaineers are always free; 山に住む者は常に自由である)　[愛称] Mountain State(山の州); Panhandle State(フライパンの柄州)　[選挙人] 5人(36位)　[人種構成] Ⓦ 92.3 Ⓑ 3.5 Ⓗ 1.5　[2016年] Ⓡ 69 Ⓓ 26　[2012年] Ⓡ 62 Ⓓ 36　[州議会] L　[州上院] SN　[州下院] HD.

West Wing　《the 〜》ウェストウィング

ホワイトハウスの西棟. 大統領執務室・秘書室などがある.

wheeler-dealer　抜けめなく取引する人, やり手, 策士

(ビジネスや政治で時に汚い手も使う)策士, 策略家, やり手.　[由来] カジノのルーレットやトランプで大金を賭ける人を

wheeler-dealer と呼んだからという説や，組織内の大立て者を big wheel と呼ぶことからという説がある．

♦ The mayor was a typical wheeler-dealer, finding ways to get things done in the city. 市長はやり手の典型で，市政運営のすべを心得ていた．

whip （議会での）院内幹事（party whip）

連邦議会や州議会で，党員の投票を見守ったり，多数党の院内総務（majority leader）や少数党の院内総務（minority leader），また他の党員との全般的な連絡役を務めるのが主たる任務．院内総務に選ばれるまでの準備段階的なポスト．

♦ The majority whip polled his members and determined that the bill had enough votes for passage. 多数党の院内幹事は自党議員ひとりひとりに投票予定を打診した結果，法案の通過に十分な票を得られると確信した．

whipsaw 動 横引きのこで引く→両面から苦しめる

♦ He was getting whipsawed between his national ambitions and his home-state obligations. 彼は国政で一旗あげてやろうという野心と，地元の州に対する恩義との間で板挟みになっていた．

whispering campaign 中傷デマ運動

（立候補者などを中傷するための）ささやきデマ作戦，口コミ作戦．

♦ Smear sheets and whispering campaigns targeted Brown, a moderate on racial issues. 人種問題について穏健派のブラウン氏が，中傷記事やささやきデマ合戦の標的となった．

whistle-blower 警告のため笛を鳴らす人→内部告発者，密告者

密告という意味で使われることもあるが，一般には組織内の不正を暴くことが公共の利益となると信じてそうする人をいう．1989 年に成立した Whistle Blower Protection Act（内部告発者保護法）によって連邦政府一般職員が内部告発する際に，身元や立場を保護するとともに，その行為に由来した脅迫・減

俸・解雇処分などの報復を防止することが明記されている. 由来 スポーツで審判が笛を吹いてプレーをやめさせることから.

- Controversial web sites like WikiLeaks consider themselves whistle blowers, but many believe they go too far and threaten national security. ウィキリークスのような物議をかもすウェブサイトは, 自らを内部告発者と見なしているが, 彼らは行き過ぎで国家の安全を脅かしていると思っている人が多い.

- The whistle-blower who testified before Congress uncovered the smoking gun, direct evidence that a crime had been committed in the highest levels of the government. 議会で証言したその内部告発者は, 政府の中枢で犯罪が行われたことを直接証明する, 動かぬ証拠の存在を暴露した.

whistle-stop 名 動 短時間で多くの場所を回る選挙演説(を行う), 地方遊説(をする)

由来 アメリカの小さな町の駅には, 汽車が汽笛を鳴らしたときだけ停車したことから, そういった小さな町をも遊説して回ることを示唆.

- The candidate is whistle-stopping, promising more food and better life. 生活水準の向上を公約に掲げて, その候補者は地方遊説をしている.

white flight 白人脱出

白人中流階級が都会の犯罪・高税率・他人種との交流などを避けて郊外へ移住する現象.

White House 《the 〜》大統領官邸, ホワイトハウス

住所はワシントン D.C. ペンシルベニア通り 1600 番地. 連邦政府行政府そのものを表す.

white knight 白馬の騎士

(人の危急を救う)白馬の騎士→政治改革者, 主義主張のために闘う運動家.

white trash (特に南部の)貧乏白人(poor white(s))

wholesale politics 卸売り政治

(テレビなどの)メディアを利用する選挙運動(cf. retail politics).

widow's mandate （死亡した夫の任期の残りを務めさせるための)未亡人の選出[任命]

wiggle room 動ける余地

政治家のトラブルを回避するために，自分の立場を柔軟に修正できる能力．wiggle は「小刻みに揺れる」の意．

• diplomatic wiggle room　外交政策・交渉の幅．

Wilson, Woodrow ウッドロー・ウィルソン

Woodrow Wilson(1856–1924)，第 28 代大統領(民主党，1913–21)，バージニア州出身．第一次世界大戦に参戦，1919 年にノーベル平和賞を受賞．その創設に心血を注いだ国際連盟への合衆国の加入は，議会の抵抗によって果たせなかった．

windbag 空気袋，空論をまくしたてる人

window dressing 体裁づくり，ごまかし，粉飾

• The committee added minor provisions to the bill which opponents called "window dressing." 委員会で法案に細々とした諸条件が追加されたが，反対派はそれを「体裁づくり」と呼んだ．

• No amount of window dressing by the government can hide the fact that many industries are in a very difficult position. 政府がいくらぼろ隠しをしても，多くの産業がひっ迫した状態にある事実は隠すことができない．

winner-take-all system 《the ～》勝者総取り方式[制度]

大統領選挙では各州の一般投票の結果，最も多数の票を獲得した候補がその州の選挙人全員を獲得する．2020 年の選挙において，例外(得票数に応じて選挙人の数を配分する方式を採っている州)はメイン州とネブラスカ州の 2 州のみである(cf. electoral college).

wire-puller 黒幕

陰で糸を引く者．

Wisconsin ウィスコンシン ⟨略⟩Wis. (WI)

⟨人口⟩ 約571万人(20位) ⟨面積⟩ 169,639km² (23位) ⟨加盟年⟩ 1848年5月29日(30番目) ⟨州都⟩ Madison(マディソン) ⟨都市⟩ Milwaukee(ミルウォーキー) ⟨モットー⟩ Forward(前進) ⟨愛称⟩ Badger State(アナグマ州) ⟨選挙人⟩ 10人(18位) ⟨人種構成⟩ Ⓦ 81.8 Ⓑ 6.2 Ⓗ 6.6 ⟨2016年⟩ Ⓡ 47 Ⓓ 46 ⟨2012年⟩ Ⓡ 46 Ⓓ 53 ⟨州議会⟩ L ⟨州上院⟩ SN ⟨州下院⟩ A ⟨友好⟩ 千葉県.

witch-hunt 魔女狩り；政敵などに対する迫害

アメリカでは17世紀末マサチューセッツ州で起きたセイラム魔女裁判が有名. 静かな港町で200人近い村人が魔女として告発され, 19名が拷問にかけられ絞首刑に処せられた. 根拠なく多くの人命を奪った集団心理の暴走として, 今日もアメリカの歴史教科書に刻まれている. 今日では, 政敵に対する不当な迫害の意味でよく用いられる.

♦ The politician claimed his opponents were out to get him via any means possible. "It's a witch hunt!" he said.　その政治家は政敵がどんな手段を使ってでも自分をやっつけるつもりだと主張した.「それは魔女狩りだ」と彼は言った.

wonk がり勉家, 仕事の虫；仕事人間, 専門ばか, オタク

♦ He has a reputation as something of a policy wonk.　彼はなかなかの政策通だという評判だ.

write-in candidate 記名投票の候補者

write-in vote 書き込み投票, 記入投票；記名投票の候補者

投票用紙や候補者リストに名前が記載されていない候補者の名を, 投票用紙に記入すること.

written testimony 書面証言

Wyoming ワイオミング ⟨略⟩Wyo. (WY)

⟨人口⟩ 約57万人(51位) ⟨面積⟩ 253,336km² (10位) ⟨加盟年⟩ 1890年7月10日(44番目) ⟨州都⟩ Cheyenne(シャイアン) ⟨モットー⟩ Equal rights(平等の権利) ⟨愛称⟩ Equality State(平等の州) ⟨選挙人⟩ 3人(44位) ⟨人種構成⟩ Ⓦ 84.3 Ⓑ 1 Ⓗ 9.7 ⟨2016年⟩ Ⓡ 68 Ⓓ 22

Y, y

yeas and nays 賛否

議会(legislature)での口頭による賛否の投票. 通常, 各議員の名前を順に呼び賛否をもとめる.

Yellow Dog Democrat イエロードッグ民主党員, 盲目的な民主党支持者

たとえ黄色いイヌでも, 党の押す候補なら誰でも投票する民主党員(雑種の犬には黄色い毛のものが多いとされている).

♦ The voter would vote for any Democratic candidate—even a yellow dog—over a Republican. その投票者は候補者がたとえ黄色いイヌだったとしても, 共和党員ではなく民主党員であればどんな候補者にでも票を投じることだろう.

yellow state ⇨ Libertarian Party

yes, but 総論賛成, 各論反対

♦ A politician often supports an ideal, but is not enthusiastic about either its implementation or its consequences, and can often be found exclaiming, "Yes, but ..." 政治家には, 一つの理想を支持してもその実行あるいは成り行きには熱意を見せないという場合がよくあり,「はい, それはそうなのですが…」と声を上げる場面がしばしば見られる.

Yippie イッピー

1960年代の後半に目立った活動をした Hippie(伝統的社会規範に反発した若者)より政治色の濃い反体制の若者. Youth International Party(ベトナム戦争時代の反体制的若者)+hippie を合成した語.

Young Turk 若き改革派, 反党分子

1908年から1918年までトルコの有力政党だった青年トルコ党から，転じて米国では政党内の反抗分子を指す．特に自由主義的な政策を支持する派閥に属する人．

Z, z

zoo plane 報道関係者用飛行機

（選挙運動中の候補者を追う）報道陣用の飛行機．

参考文献

（アメリカ政治）

Cohen, Richard and Cook, Charlie, *The Almanac of American Politics 2020*, National Journal, CBIS, 2019

Dewhirst, Robert E., *Encyclopedia of the United States Congress*, Facts on File, Inc., 2007

Dickson, Paul and Clancy, Paul, *The Congress Dictionary*, John Wiley and Sons, Inc., 1993

Hill, Kathleen and Hill, Gerald, *Dictionary of American Politics*, Facts on File, Inc., 2001

McCutcheon, Chuck and Mark, David, *Dog Whistles, Walk-Backs, and Washington Handshakes (Decoding the Jargon, Slang, and Bluster of American Political Speech)*, ForeEdge, 2014

Safire, William, *Safire's Political Dictionary*, Oxford University Press, 2008

Safire, William, *I Stand Corrected — More on Language*, Avon Books, 1984

Shafritz, Jay M. *American Government & Politics*, Harper Collins, 1993

（アメリカ政治・文化全般）
https://americancenterjapan.com
（合衆国統計情報）
https://www.census.gov

［編著者］

橋本二郎（はしもと・じろう）

東京外国語大学英米科卒，住友商事(株)勤務後，2013年
まで米国ケンタッキー州政府極東代表を28年間務め，現
在ブリッジ・インターナショナル・コンサルタンツ代表．
著書に『日常英語連想辞典』(三省堂)，『現代アメリカ人物
カルチャー事典』(丸善ライブラリー)，『固有名詞を通じて
見た アメリカン・イメージ連想事典』(研究社) がある．

［用例提供・インフォーマント］

Terry McWilliams（テリー・マクウィリアムズ）

テネシー州立大学卒(MBA)，コミュニケーション専攻．
ウォール・ストリート・ジャーナル，USA Today などに寄
稿．現在 Mosaic Investor Relations 代表．ケンタッキー
州ルイビル在住．

2020年8月10日　　　初版発行

大統領選挙・連邦議会を知るための
アメリカ政治文化辞典

2020年8月10日　第1刷発行

編著者　　**橋本二郎**（はしもと・じろう）

発行者　　**株式会社 三省堂**　代表者 北口克彦

印刷者　　三省堂印刷株式会社

発行所　　**株式会社 三省堂**
　　　　　〒101-8371　東京都千代田区神田三崎町二丁目22番14号
　　　　　　　　　　電話　編集　(03) 3230-9411
　　　　　　　　　　　　　営業　(03) 3230-9412
　　　　　　　　　　https://www.sanseido.co.jp/

〈アメリカ政治辞典・256pp.〉

落丁本・乱丁本はお取り替えいたします。

ISBN978-4-385-11038-7